LA NATURE, SOURCE SPIRITUELLE

Philippe **ROCH**

La nature, source spirituelle

Préface de Nicolas Hulot

6 croquis de chasse au crayon inédits et 3 gravures de Robert Hainard

jouvence ÉDITIONS

Extrait du catalogue Jouvence

Philosophies, Jacques de Coulon & Michel Roggo, 2008
Silence vivant, Silvia Ostertag, 2008
Plénitudes, Rosette Poletti & Barbara Dobbs, 2007
Les femmes, avenir de la Terre, Jean Shinoda Bolen, 2007
L'Homme entre Terre et Ciel, l'Université Terre du Ciel, 2007
Le besoin de nature sauvage, Roland de Miller, 2007
Ressources, Rosette Poletti & Barbara Dobbs, 2006
Petite philosophie du bonheur pour temps de crise, Candide Moix, 2006
Réconcilier sagesse et société, Alain Chevillat, 2006
Marche et méditation, Pierre-Yves Brissiaud, 2004

Catalogue gratuit sur simple demande
ÉDITIONS JOUVENCE
France : BP 90107 – 74161 Saint Julien en Genevois Cedex
Suisse : CP 184 – 1233 Genève-Bernex
Site Internet : **www.editions-jouvence.com**
Mail : info@editions-jouvence.com

ISBN 978-2-88353-784-2

Photo de l'auteur : © Yoshiko Kusano
Illustration de couverture : Fotolia.com © Daniel Fuhr
Maquette de couverture : Dynamic 19, Thonon-les-Bains (74)
Suivi éditorial : Fabienne Vaslet
Mise en page et schémas : Mademoiselle
Croquis et gravures : © Fondation Robert Hainard

Sommaire

Préface

Nombreux sont les États qui affichent leur volonté de souscrire aux grandes orientations du développement durable. C'est le cas de la Confédération suisse avec sa nouvelle constitution ou de la France avec la Charte constitutionnelle de l'environnement. Le projet de Traité constitutionnel européen affirmait également les valeurs de la durabilité. C'est désormais le cas de l'Amérique d'Obama. Or, force est cependant de constater que les valeurs en question, pour autant qu'on les interprète avec un minimum de rigueur et de bonne foi, sont aux antipodes de celles qui continuent de conduire nos sociétés. Nous persistons à vouer un culte exclusif à la croissance du PIB, orient jaloux des marchés et des assemblées parlementaires. Pourtant, le PIB, indicateur exclusivement monétaire, ne nous dit rien de l'état de la biosphère et de ses grands équilibres, ni de l'état de ses ressources fossiles, minérales ou écosystémiques. Nous avons même appris que sa croissance n'est corrélée ni au bonheur de la population, ni même mécaniquement au taux d'emploi. Il conviendrait de mettre fin à cette hypocrisie qui n'a d'autre utilité que de conforter l'inertie du présent et de différer ainsi des décisions aussi courageuses qu'urgentes. Il n'y a en effet pas grand chose de commun entre une société qui excite un appétit sans bornes de consommations matérielles, auxquelles seul un nombre réduit d'êtres humains accède et pourrait accéder, et une société garante de la pérennité de conditions de vie agréables pour tous et de la satisfaction universelle et durable des besoins fondamentaux.

Les immenses progrès de la saga technologique ont certes permis à une partie de l'humanité de s'extraire de la vallée de larmes, mais au prix d'une misère morale et/ou matérielle pour le plus grand nombre et d'un écrasement de la nature. Même réorientée en faveur d'une exploitation plus économe des ressources naturelles, l'innovation technologique ne permettra pas d'éviter leur surexploitation. Les gains technologiques sont généralement plus qu'absorbés par l'évolution de nos modes de vie. Les compresseurs des réfrigérateurs sont énergétiquement moins gourmands, mais nous nous équipons de réfrigérateurs de plus en plus gros. À puissance égale, nos ordinateurs sont également moins gourmands, mais nous achetons des ordinateurs de plus en plus puissants et étendons leurs usages. Seul un encadrement de nos comportements en faveur d'une plus grande sobriété permettrait de tirer un réel profit des gains technologiques.

Or, un pareil changement suppose une révolution morale et spirituelle. Si notre objectif personnel, familial et collectif est de vivre heureux et de donner cette possibilité aux générations à venir, alors il faut placer au cœur de nos sociétés des valeurs de respect, de sobriété, d'harmonie et de paix.

La nature vit, se développe et se diversifie depuis cinq milliards d'années. L'expérience de la nature et son observation sont une source essentielle d'inspiration pour mettre en place une société harmonieuse et durable.

Je ne peux donc qu'adhérer à la proposition de Philippe Roch de sceller une nouvelle alliance entre l'humanité et la nature, pour redonner un sens au progrès, pour réconcilier nature et civilisation, pour renouer avec la nature par la civilisation.

Nicolas Hulot

Paris, le 6 mai 2009

un

Le monde en déroute

Revue des grands problèmes de l'environnement global : démographie, changements climatiques, atteintes à la biodiversité, perturbations du cycle de l'eau, pollutions chimiques. Au-delà des causes immédiates, il y a une cause première à ces déséquilibres : la rupture de notre relation spirituelle à la nature.

« L'homme est apparu comme un ver dans un fruit,
comme une mite dans une balle de laine,
et a rongé son habitat, en sécrétant des théories
pour justifier son action. »

Jean Dorst
Avant que nature ne meure, 1965

Ma conscience écologique s'est développée en parallèle avec ma vie mystique. Les arbres du jardin familial ont été mes premiers confidents. Adolescent, j'ai fait de longues promenades dans l'esprit des rêveries du promeneur solitaire de Jean-Jacques Rousseau. Je me souviens précisément d'une nuit dans la Champagne genevoise, en ce temps-là dans un calme absolu, une veille de Pâques, après le très bel office du Samedi saint et son *Lumen Christi* au cours duquel la sombre église du Grand Lancy s'illuminait progressivement à la lueur des bougies, avant d'exploser dans l'intense lumière qui figure la résurrection. Je revois les routes de campagne bordées de grands arbres, les villages sombres et tranquilles, les champs à perte de vue et le mur du cimetière d'Avusy qui m'a nourri d'une méditation sur la mort. Lorsque, plus tard, je me suis écarté de l'Église catholique, il m'est resté la mystique et la nature, encore plus intensément. C'est pour cela que j'ai été sensible très tôt au mal que notre société fait à la nature, d'abord par compassion et par amour, puis par une réflexion rationnelle sur le besoin vital de nature pour l'espèce humaine. Or, depuis cette époque, les blessures infligées à la nature n'ont cessé de s'aggraver. La transformation rapide du village de mon enfance en ville, les films *Caméra au poing* de Christian Zuber sur les animaux en difficulté sur toute la planète, la pensée de Robert Hainard, les messages alarmants et l'action mondiale du WWF m'ont incité à ne pas rester spectateur de ce désastre et à m'engager pour la nature, ce que j'ai fait dès l'âge de douze ans et toute la vie qui a suivi.

Nous venons de la nature et nous dépendons entièrement de ses bienfaits, jusqu'au moment où elle nous recyclera. Pourtant, nous sommes en rupture avec elle. Au lieu de la choyer et de la gérer pour qu'elle couvre durablement nos besoins de beauté, de découverte, d'eau, d'air, d'énergie et d'alimentation, nous l'écrasons par la croissance démographique, la consommation d'énergies fossiles, la surexploitation des ressources renouvelables, la destruction des écosystèmes et les pollutions chimiques. Il n'en a pas toujours été ainsi.

Pendant la plus grande partie de son existence, la population humaine a vécu intégrée à la nature. Elle a bien commis dès le début quelques destructions, mais de portée limitée, sans mettre en péril l'ensemble de la biosphère. Parmi les espèces que l'homme a fait directement disparaître, il faut compter les grands mammifères d'Amérique que les premiers hommes ont éliminés en à peine mille ans après leur arrivée : mastodontes, tatous géants, chevaux. De nombreuses espèces insulaires ont été exterminées en Méditerranée pendant l'Antiquité et l'auroch, bœuf sauvage des forêts d'Europe de l'Ouest a disparu au XVIe siècle. Mais c'est dès la seconde moitié du XIXe siècle que des destructions massives d'espèces ont commencé : ongulés sauvages, loups, lynx, ours en Europe, éléphants en Afrique, tigres en Asie et bien d'autres espèces plus discrètes. Aujourd'hui, 25 % des espèces sont menacées d'extinction et

Pendant la plus grande partie de son existence, la population humaine a vécu intégrée à la nature.

1 000 espèces par an disparaissent à cause des activités humaines qui ont un impact sur l'environnement global, c'est-à-dire sur l'ensemble de la planète.

L'environnement global

Pendant longtemps, les atteintes à la nature ont été localisées, compensées par l'extraordinaire foisonnement de la vie. La société industrielle s'est comportée comme s'il existait d'immenses territoires vides à conquérir pour absorber ses surplus de population, de chômage et répondre à ses besoins croissants en ressources et en richesses. Mais le monde était déjà plein, plein de nature et plein d'humains dont la plus grande partie vivait en harmonie avec la nature. Le modèle matérialiste, consumériste et agressif occidental basé sur une idéologie de croissance s'est imposé de gré ou de force à l'ensemble de la planète, il a soumis des peuples, éliminé des civilisations et réduit des millions d'êtres humains en esclavage. Il a fini par transformer la planète entière en un système économique unique cautionné par le consensus de Washington qui a présidé, après la deuxième guerre mondiale, à la création des institutions de Bretton Woods, Banque Mondiale, Fonds monétaire international et Agence internationale du développement et de l'Accord général sur le commerce, devenu depuis l'OMC. Selon ce consensus, c'est l'extension à toute la planète du modèle économique occidental, basé sur le marché libre et la croissance, qui devait résoudre les problèmes de pauvreté et promouvoir la paix.

Les effets désastreux de ce programme économique planétaire sur la nature ont pris une dimension globale. De nombreuses études consacrées aux menaces sur l'environnement mondial, qui ont été publiées depuis la fin des années 1960, comme celle du Club de Rome, *Halte à la croissance (The limits to growth*, 1972), et la première photographie de la Terre vue de la Lune le 24 décembre 1968, ont fait prendre conscience à l'humanité tout entière du caractère unique, de la beauté et de la fragilité de la bulle de savon sur laquelle se joue notre destin. La communauté internationale a reconnu la gravité de la situation et la nécessité d'agir lors des Conférences de Stockholm en 1972 – qui a créé le Programme des Nations-Unies sur l'environnement – et de Rio de Janeiro en 1992, qui a consacré la notion de développement durable. Les traités sur l'environnement se sont multipliés – on en compte aujourd'hui plus de 500[1] –, et le Fonds pour l'environnement mondial (Global Environment Facility), dont j'ai été à deux reprises le président élu, a été créé en 1991 pour financer des projets de mise en œuvre des conventions environnementales.

Malgré ces progrès, la situation de la nature continue de se dégrader. Je distingue quatre domaines principaux d'impact humain sur l'environnement global : la démographie, l'énergie et le climat, les écosystèmes et la biodiversité, et la chimie.

La démographie

La population humaine est passée de 500 millions d'individus en 1800 à 1,5 milliard en 1900, 3 milliards en 1960, et 6,8 milliards en 2009, soit une multiplication par 4 pendant les cent dernières années.

1. Voir notes en fin d'ouvrage.

Projection de la population mondiale (3 hypothèses)

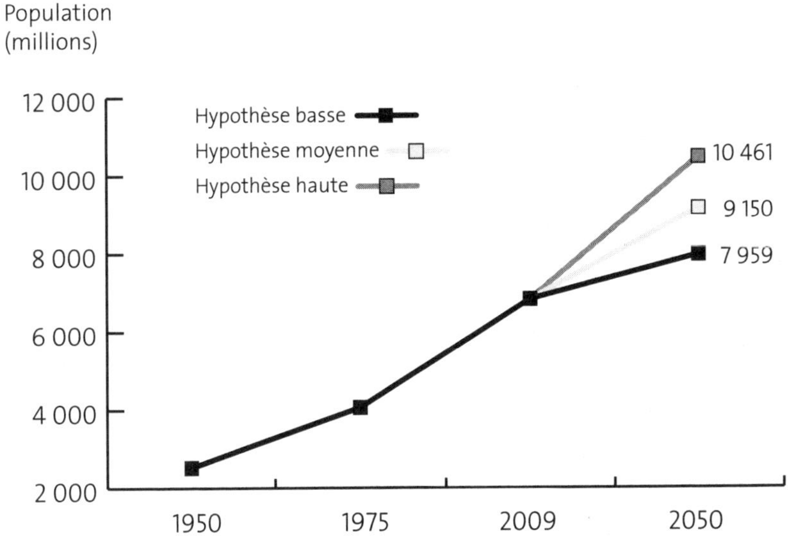

Source : Division de la population du Département des affaires économiques et sociales (ONU), World Population Prospects : the 2008 Revision, New York, 2009.

Malgré les progrès techniques, ou plutôt à cause d'eux, la nature ne peut pas offrir à autant d'humains le niveau de vie européen et encore moins américain. Il n'y a jamais eu autant de pauvres qu'aujourd'hui : 1,5 milliard de personnes n'ont pas accès à de l'eau propre, 2,5 milliards n'ont pas de toilettes, 5 000 enfants meurent chaque jour de maladies liées à la mauvaise qualité de l'eau. La moitié de la population humaine vit dans des agglomérations urbaines, et la moitié de cette moitié dans des bidonvilles insalubres, après avoir dû quitter la campagne où il leur était devenu impossible de vivre, sous la pression de l'agrobusiness international et à cause de la dégradation des terres.

Un nombre d'humains égal à toute la population humaine de 1960 vit aujourd'hui l'enfer sur Terre. Où est le progrès ? Une utilisation plus efficace et un meilleur partage des ressources permettraient à 7, 9 ou 10 milliards d'humains de manger à leur faim et de vivre plus ou moins décemment, mais voulons-nous vraiment vivre dans un monde totalement humanisé, exploité, régulé, et renoncer à la beauté de la nature, à la diversité des espèces, aux espaces libres, à la découverte d'un monde naturel sauvage, le seul qui n'obéisse pas à l'homme, simplement pour entasser davantage d'humains ? Les sociétés anciennes vivaient une régulation naturelle de leur population. L'hygiène et la médecine ont permis de réussir une proportion plus élevée de naissances, pour le grand bien des mères et de leurs enfants, mais nous n'avons pas su corriger en même temps la situation en appliquant une philosophie et des moyens de prévention des naissances et une politique de la santé de la reproduction[2]. Les idéologies religieuses qui s'opposent au planning familial, en particulier celle de l'Église catholique qui refuse même l'utilisation des contraceptifs, sont directement responsables de cette situation et de la misère de centaines de millions d'humains.

Un nombre d'humains égal à toute la population humaine de 1960 vit aujourd'hui l'enfer sur Terre. Où est le progrès ?

L'énergie et le climat

La consommation d'énergies non renouvelables n'aura été qu'une brève parenthèse dans l'histoire de l'humanité, soit moins de 1 % des 50 000 ans de vie de l'homme moderne, depuis l'apparition de l'homme de Cro Magnon. Et nous devrons vivre les 50 000 prochaines années sans elles. Sur ces 100 000 ans d'histoire, le pic de la consommation pétrolière apparaît comme un accident de parcours éphémère. Pourtant, avec l'aide de ces sources d'énergie, nous aurons réussi en très peu de temps à détruire et à polluer la nature irrémédiablement, et même à changer le climat. L'utilisation massive de pétrole, de charbon et d'uranium pollue les sols et les eaux des lieux d'extraction, jusque dans les régions les plus sauvages comme l'Amazonie équatorienne, le golfe de Guinée ou le désert du Ténéré au Niger. Le transport, le raffinage et l'utilisation des ces énergies fossiles polluent les océans, les sols et l'air qui devient irrespirable et dangereux pour la santé. Des études de l'Organisation météorologique mondiale ont démontré que la pollution de l'air est la cause de deux millions de morts par an en Europe.

Les énergies fossiles auront été le facteur clé d'une montée en puissance de l'humanité. Jean-Marc Jancovici a calculé que notre consommation d'énergie non renouvelable correspond à la force de 100 esclaves pour chacune et chacun de nous[3], soit beaucoup plus que le personnel que les familles riches de l'Antiquité possédaient. Il a par exemple calculé qu'il faudrait 500 cyclistes pour offrir la prestation d'une petite voiture. Cette puissance est elle-même un facteur de destruction de la nature, devenue incapable de résister à nos tronçonneuses, pelles mécaniques, tracteurs, herbicides et pesticides qui défrichent, tuent, creusent, détournent, assèchent et bétonnent sans cesse. Depuis un demi-siècle, la petite Suisse bouleverse ainsi 1 mètre carré de son sol chaque seconde. Nous sommes devenus drogués au pétrole, au point que nous sommes incapables de prendre les mesures nécessaires pour enrayer les changements climatiques qui menacent d'innombrables populations par la montée du niveau des mers, l'extension des zones désertiques, la multiplication des ouragans et des inondations. Bien au contraire, nous prolongeons et amplifions ce cataclysme en achetant des droits de polluer et en mettant en valeur des schistes bitumineux peu efficaces et très polluants. Les accords trouvés dans le cadre de la Convention des Nations Unies sur les changements climatiques sont insuffisants, les pays n'arrivent pas à atteindre les objectifs très modestes décidés à Kyoto, et ils cherchent tous les moyens de contourner leurs engagements en achetant des indulgences sur le marché du carbone.

Comparaison entre la concentration de CO_2 et la courbe de température

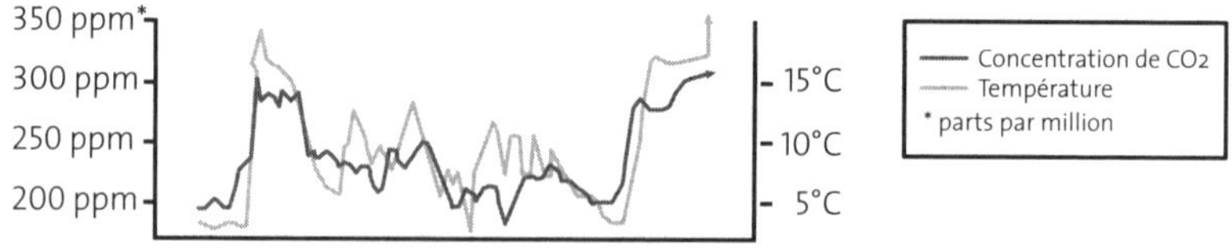

Sur les 150 000 dernières années, plus le taux de CO2 est élevé, plus les températures grimpent. Cela entraîne la fonte des glaces, ce qui contribue à élever le niveau des mers.

Les dangers que les changements climatiques font peser sur l'humanité sont amplifiés par la destruction de la nature, qui serait parfaitement capable de s'adapter à des changements même rapides si nous lui en laissions la possibilité. La destruction des forêts tropicales favorise les sécheresses et les inondations, la destruction des forêts de palétuviers rend les côtes marines très fragiles, le drainage des zones humides détruit des éponges naturelles capables d'absorber les surplus d'eau en période de pluies et de restituer de l'eau en période de sécheresse. L'entassement de populations humaines en des lieux autrefois inhabités comme les estuaires, les côtes soumises aux tempêtes et les pentes montagneuses autrefois boisées font de centaines de millions de personnes des victimes potentielles des caprices du climat. Aujourd'hui, la priorité du discours politique va au climat, et les dirigeants de la planète négligent complètement la biodiversité, pourtant essentielle à la protection des populations humaines contre les changements climatiques.

Les bombes atomiques larguées sur le Japon en 1945 auraient dû effrayer à tout jamais l'humanité. Au lieu de cela, les puissances militaires et industrielles, avec la complicité de certains scientifiques, ont fait croire que cette puissance pouvait être mise au service de l'humanité. En réalité, elles ont surtout continué à développer l'arsenal nucléaire. L'uranium représente 6 % de l'énergie primaire consommée dans le monde à la fin du XXe siècle, et les 450 centrales nucléaires qui produisent 15 % de l'électricité[4] ont surtout servi de fournisseurs de plutonium pour l'armement. L'héritage morbide du nucléaire est encore largement sous-estimé. L'entêtement des grandes compagnies d'électricité à vouloir relancer la construction de centrales nucléaires est inexplicable. Il y a en effet cinq raisons de renoncer à l'énergie nucléaire :

1. Le soleil fournit en quelques heures à la surface de la terre une quantité d'énergie égale à toute l'énergie que l'humanité consomme en une année. Il nous est assuré pour les cinq prochains milliards d'années. C'est donc dans le captage de cette source d'énergie qu'il faut investir les moyens et les intelligences de la recherche, du développement et de l'économie.
2. La sécurité d'une centrale nucléaire ne peut pas être assurée à 100 %. Or, un seul accident grave peut rayer une région grande comme un département français de la carte. Dans la région de Tchernobyl, c'est une surface équivalente à deux fois celle de la Suisse qui a été gravement contaminée en 1989. Et le 25 juillet 2006, une centrale nucléaire à Forsmark, en Suède, est passée à 7 minutes d'un désastre équivalent à celui de Tchernobyl ; le prochain accident sera-t-il français ou suisse ?
3. L'uranium est une ressource limitée, à 100 ans pour les plus optimistes. Son extraction est très polluante et cause déjà aujourd'hui de nombreux cancers.
4. Les déchets nucléaires sont extrêmement dangereux pendant des millénaires. Le plutonium, par exemple, ne perd que la moitié de son rayonnement en 25 000 ans.
5. Grâce à l'énergie nucléaire dite pacifique, des pays en nombre croissant peuvent se doter de l'arme atomique.

Lorsque, dans quelques dizaines de milliers d'années, l'homme sage, le vrai, aura remplacé l'homme de Cro Magnon, prétendu homo sapiens que nous sommes, la trace la plus marquante qu'il trouvera de notre civilisation, à part quelques débris de béton, sera une couche très nette de radioactivité. Il pourra alors laisser aller son imagination pour expliquer pourquoi les XXe et XXIe siècles avaient produit ces substances très dangereuses : météorite? volcanisme? guerre nucléaire? Jamais il ne viendra à l'idée de nos successeurs que nous aurons mis en péril la planète pour produire quelques pourcents d'énergie pendant quelques dizaines d'années. Qui peut prendre la responsabilité de dommages capables de détruire une région entière et de déchets extrêmement dangereux pendant des dizaines de milliers d'années? Personne.

L'âge de la pierre ne s'est pas terminé par manque de pierres, mais par un saut de civilisation qui a inventé l'agriculture. Nous pourrions nous montrer aussi intelligents que nos lointains ancêtres et adopter des comportements nouveaux, en harmonie avec la nature, avant que l'épuisement des ressources énergétiques non renouvelables ne provoque encore davantage de guerres, de famines et l'effondrement de la civilisation. La solution comprend deux volets complémentaires. Le premier consiste à réduire notre consommation énergétique grâce à des technologies plus efficaces, à l'isolation des bâtiments et à des comportements plus raisonnables. C'est l'idée de la société à 2000 watts lancée par l'École polytechnique de Zürich, qui consiste à viser une consommation moyenne sur l'année de 2000 watts par personne, ce qui correspond à 1750 litres de pétrole ou 17500 kWh par an. C'est ce que nous consommions en Europe occidentale en 1960, c'est-à-dire un tiers de la consommation actuelle, ou encore la consommation moyenne de la population mondiale actuelle. Le second volet consiste à couvrir ces besoins de 2000 watts par les énergies renouvelables, la géothermie, le solaire

L'âge de la pierre ne s'est pas terminé par manque de pierres, mais par un saut de civilisation.

et ses dérivés, l'énergie hydraulique, l'énergie éolienne et la biomasse. Le rayonnement solaire d'une seule année à la surface de la Terre représente plusieurs milliers de fois les énergies fossiles que nous consommons pendant cette même année et davantage d'énergie que toutes les réserves utilisables de gaz, pétrole, charbon et uranium que la Terre recèle. En Suisse, le rayonnement solaire apporte 48 000 milliards de kWh par année, soit l'équivalent de 200 fois la consommation énergétique totale dans le pays en 2007. Ne me dites pas que notre civilisation technologique n'est pas capable de capter ce petit demi pour cent, pour que nos sociétés fonctionnent 100 % à l'énergie solaire.

**Comparaison entre le rayonnement scolaire
et les ressources non renouvelables principalement utilisées**

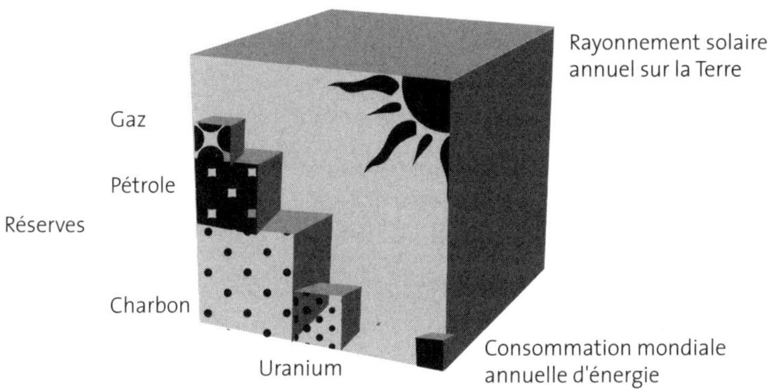

Source : www.swissolar.ch

La biodiversité, les écosystèmes et l'eau

Au XXe siècle, la consommation des ressources renouvelables par l'humanité a dépassé leur capacité de régénération, comme le montrent trois études majeures : l'empreinte écologique, l'indice planète vivante[5] et l'évaluation de l'état des écosystèmes[6] (*Millenium ecosystem assessment*). L'extraordinaire foisonnement de vie et la production gigantesque de la nature sont mis en échec par la destruction de ses moyens de production, les écosystèmes, par la pollution et par le prélèvement à échelle industrielle de certaines espèces. En résumé, nous ne nous contentons plus des intérêts, mais nous avons largement commencé à entamer le capital. La croissance économique est une illusion qui cache la décroissance du capital Nature.

L'empreinte écologique (*www.footprintnetwork.org*) mesure la demande de l'humanité vis-à-vis de la biosphère. Elle se mesure en hectares de terre et de mer nécessaires pour fournir les ressources que nous consommons et absorber les déchets que nous produisons. Cette empreinte montre que l'humanité a dépassé la capacité de la planète dans les années 1980 et l'excédait déjà de 30 % en 2008. La France vivait alors 60 % au-dessus de ses moyens et la Suisse 285 %. Il faudrait déjà plusieurs planètes Terre si toute l'humanité vivait au niveau européen. Le problème, c'est que nous n'en avons qu'une à notre disposition.

La croissance économique est une illusion qui cache la décroissance du capital Nature.

Empreinte écologique de l'humanité (1961-2005)

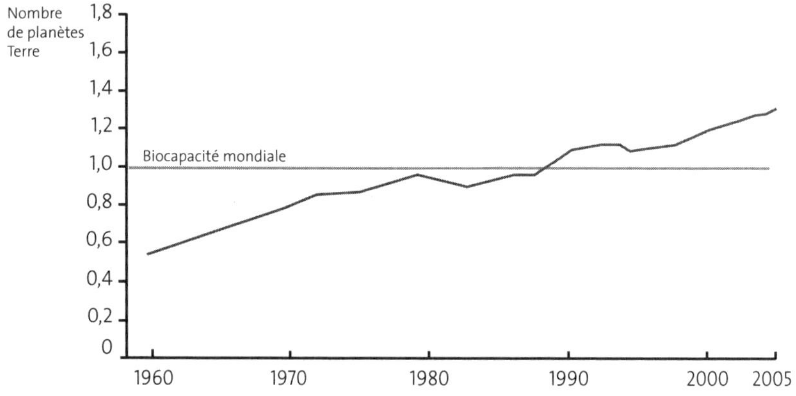

L'indice planète vivante mesure l'état de la biodiversité dans le monde. Il est basé sur le suivi de trois mille six cents populations de mille trois cents espèces de vertébrés. La plupart des espèces sont en forte régression et l'indice a diminué de 30% entre 1972 et 2008. Des poissons comme l'espadon, les tortues marines comme la caouanne, des oiseaux comme le vautour indien ou le butor étoilé et des mammifères comme le lamantin, le rorqual commun, l'hippopotame pygmée ou le bubale ont très fortement diminué. Beaucoup d'espèces, en plus d'être les fils essentiels du tissu de la vie, sont des ressources traditionnelles de populations qui se nourrissent de poisson et de viande sauvage. La dégradation des conditions de vie de ces peuples qui vivaient jusque-là en harmonie avec la nature et qui ne trouvent plus à manger les conduit vers les bidonvilles surpeuplés et misérables des grandes cités du tiers-monde. Mais aujourd'hui la raréfaction de certaines espèces « commerciales » est telle qu'elle menace aussi les populations les plus riches.

Indice planète vivante (1970-2005) – (1970 = 1)

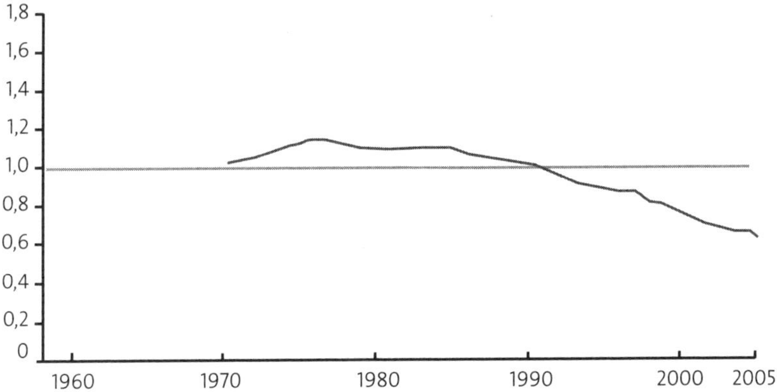

L'évaluation de l'état des écosystèmes réalisée avec l'aide de mille trois cent soixante experts a constaté la dégradation des écosystèmes et des services qu'ils rendent à l'humanité. Le bilan rappelle que l'humanité dépend totalement de la nature et d'écosystèmes sains pour assurer son alimentation, son approvisionnement en eau douce et bien d'autres services écosystémiques comme la stabilité du climat ou la biodiversité. Constatant que 60 % des écosystèmes étudiés sont surexploités ou déjà dégradés, le bilan appelle à une action concertée pour rétablir l'équilibre, protéger et gérer durablement les écosystèmes et les ressources dont ils assurent le renouvellement. Le cas de l'eau est particulièrement aigu puisqu'un milliard et demi d'humains n'ont pas accès à de l'eau douce propre. Il est de bon ton aujourd'hui de réclamer un droit à l'eau. Ce concept flou reflète des luttes idéologiques sur la propriété des ressources en eau, mais occulte complètement la question essentielle, celle de nos devoirs envers l'eau, car il n'existe aucun droit qui ne soit associé à un devoir. Pour prétendre à l'eau douce, nous devons protéger et gérer durablement le cycle entier de l'eau. Il y a 1 400 millions de km^3 d'eau à la surface de la Terre, dont seulement 200 000 sont consommables sous forme d'eau douce. L'eau et le soleil forment un gigantesque moteur qui évapore chaque année 577 000 km^3 d'eau de la surface de la Terre et des océans. Cette eau retombe sous forme de pluie, dont seulement 47 000 km^3 (8 %) rechargent les aquifères en surface et en profondeur et sont utilisables sous forme d'eau douce. L'eau évaporée par le soleil tombe du ciel, généreusement, mais elle a besoin d'être accueillie avec douceur sur des sols sains. Ce sont les écosystèmes qui accueillent, filtrent, stockent et redistribuent régulièrement l'eau potable.

Ce sont les écosystèmes qui accueillent, filtrent, stockent et redistribuent régulièrement l'eau potable.

En asséchant les marais, en détruisant les forêts, en polluant les sols avec les pesticides, en construisant routes et bâtiments, en enfouissant nos déchets polluants, nous brisons le cycle de l'eau, nous favorisons les inondations et les sécheresses et nous polluons les rivières et les nappes souterraines.

Le cycle de l'eau, le rôle des forêts et du sol

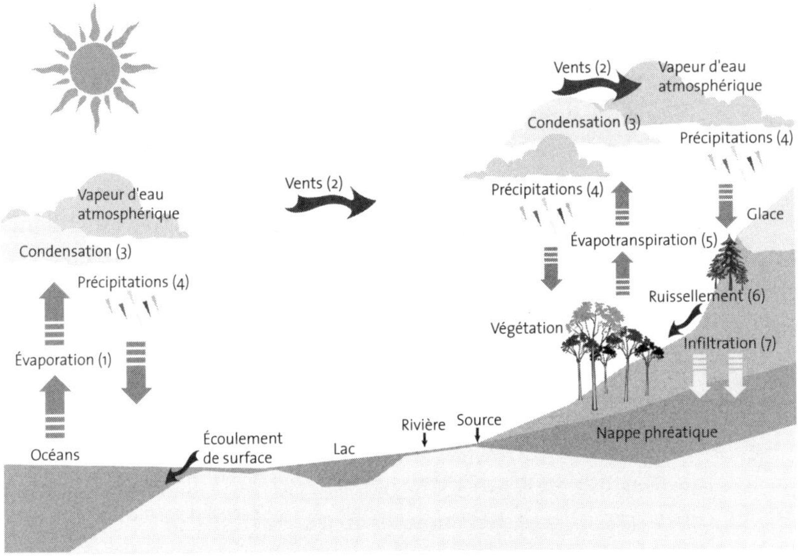

L'évaporation (1) des eaux des océans est la principale source d'eau douce. Elle est transportée par les vents (2), se condense (3) et retombe en précipitations (4), surtout sur les océans et en partie sur les continents. Une partie de l'eau qui tombe sur les continents est à nouveau rapidement évaporée vers l'atmosphère (5). Le reste s'écoule en partie par ruissellement (6) ou s'infiltre dans le sol (7) pour alimenter les nappes souterraines. Cette eau souterraine ressurgit dans les sources. Le cycle de l'eau montre à quel point la couverture végétale et l'intégrité des sols sont essentielles à notre approvisionnement en eau douce.

Les menaces sur les espèces et les écosystèmes ont mobilisé des hommes et des femmes qui ont créé des organisations pour relever le défi : l'UICN en 1947, le WWF en 1961, Greenpeace en 1971 et bien d'autres. Les États ont signé en 1992 la Convention des Nations Unies sur la biodiversité lors de la Conférence des Nations Unies sur l'environnement et le développement à Rio de Janeiro. En 2002, les chefs d'États du monde entier se sont réunis à Johannesburg, au sommet mondial sur le développement durable, auquel j'ai représenté la Suisse avec le conseiller fédéral Joseph Deiss et où le président Jacques Chirac a tenu un vibrant discours en faveur de la biodiversité, préparé par Nicolas Hulot. Nous avons alors pris la décision de réduire significativement l'érosion de la biodiversité jusqu'en 2010[7]. L'objectif de « réduire significativement » a été préféré, par manque d'audace, à celui de « stopper » qu'avait proposé la Conférence des parties à la Convention sur la biodiversité. La suite ne fut pas brillante. Très peu d'actions ont été menées et notre appétit de ressources, y compris au nom de l'écologie avec les défrichements de forêts tropicales vierges remplacées par des plantations de palmiers à huile pour produire des agrocarburants, n'a pas ralenti le phénomène. Malgré les conférences internationales et les beaux discours, la dégradation s'est accélérée et la nature sauvage rétrécit à une allure vertigineuse.

Même dans sa recherche de nature par les loisirs en forêt, en montagne ou au bord de l'eau et par le tourisme de masse, l'humanité étouffe les derniers restes de nature. Les plages de ponte de tortues marines sont envahies par les estivants juste au moment où les œufs ont besoin de chaleur et de tranquillité. Sur l'île de Zante, en Grèce, j'ai participé à une opération du WWF qui a pu racheter, grâce à la générosité de Luc Hofmann, une propriété privée pour sauver une petite portion de rive sauvage. Il a été impossible de protéger ce kilomètre de plage et il a fallu accepter un compromis, alors que 95 % des plages originelles de l'île étaient déjà totalement sacrifiées au tourisme. Puisque nous avons réduit les espaces libres à la portion congrue, les derniers espaces naturels sauvages doivent supporter les activités de loisirs telles que camping, sports, motos, concerts open air, botellònes, au détriment des plantes, des animaux et de la tranquillité réconfortante de la nature.

La chimie

Depuis son origine paléolithique et pendant les dix mille ans du néolithique, l'humanité a été un élément plus ou moins remuant mais parfaitement intégré aux cycles de la nature. L'industrie n'a commencé à provoquer des dégâts importants, mais encore localisés, qu'au XIXe siècle, et l'agriculture est restée biologique jusque dans les années 1950. Si les énergies fossiles ont multiplié la force physique des humains pour bouleverser des paysages et canaliser des rivières, l'invention de la chimie leur a permis de s'immiscer dans les cycles naturels, de les perturber en plein cœur et de les polluer durablement. On compte aujourd'hui plus de 100 000 substances chimiques artificielles.

Les pollutions chimiques ont atteint l'ensemble de la planète avec les composés organochlorés comme les PCB, le DDT, avec l'amiante, les pesticides et les micropolluants. Le DDT, un pesticide et les PCB, des huiles stables, trop stables, ont infesté la nature au point qu'on les retrouve en quantités toxiques des dizaines d'années après leur interdiction et jusque dans des contrées très éloignées. Dans son *Printemps silencieux*, publié en 1960, Rachel Carson avait déjà alarmé quant à la capacité de la chimie de détruire la vie à grande échelle. Des progrès ont été faits. On ne voit plus de couches de mousse due aux phosphates à la surface de nos rivières et les toxiques les plus dangereux ont pour beaucoup été restreints ou interdits, notamment grâce à la Convention des Nations Unies sur les polluants organiques persistants (Convention de Stockholm). Malgré cela, on doit interdire encore aujourd'hui la pêche dans le Rhône en aval de Lyon, dans la Sarine, la Birse et de nombreux autres cours d'eau à cause de leur trop forte teneur en PCB, et les eaux de la plupart des rivières sont impropres à la consommation sans traitement préalable.

Les pollutions chimiques ont atteint l'ensemble de la planète.

Les métaux lourds, très toxiques pour les processus biochimiques de la vie, étaient autrefois largement utilisés. Le plomb dans l'essence a induit des intoxications chez les enfants dans les cours d'écoles urbaines, et le mercure déversé dans la baie de Minamata au Japon, concentré dans la chaîne alimentaire des poissons, a provoqué de graves maladies du système nerveux dans la population de la baie. Le plomb a maintenant disparu de l'essence, et le mercure a été remplacé dans bien des usages comme les piles ou le blanchiment du papier, mais on continue d'en utiliser de grandes quantités à travers le monde. Des conventions internationales pour réglementer ou interdire l'utilisation des métaux lourds sont en discussion depuis des années, mais sans résultat concret pour l'instant.

L'industrie chimique a longtemps déversé ses déchets parfois hautement toxiques dans des décharges. Dans la petite Suisse, 50 000 sites ont été pollués, dont 4 000 assez gravement pour nécessiter un assainissement qui coûtera plusieurs milliards de francs, comme à Bonfol, dans le canton du Jura, ou à Kölliken en Argovie. La version moderne de la pollution chimique a pris la forme des micropolluants. Ces substances chimiques souvent complexes, parfois proches des substances organiques naturelles, ont des effets déjà en très petites concentrations sur les processus biochimiques au cœur de nos cellules et dans le fonctionnement des membranes, et elles peuvent perturber les régulations hormonales. Les premières victimes visibles de ces pollutions sont les poissons, chez lesquels on a très tôt observé des perturbations sexuelles. L'être humain n'est évidemment pas à l'abri de telles perturbations, de dysfonctionnements, de cancers encore très peu et très mal étudiés. Ces substances se trouvent dans les médicaments, les pilules contraceptives, les plastiques comme assouplissants, les câbles électriques pour leur propriété ininflammable. Nous sommes envahis par ces substances dans nos vies quotidiennes, sans nous en rendre compte, en n'ayant aucun moyen de nous en protéger. Les stations d'épuration sont incapables de capter, de neutraliser ou de détruire la plupart de ces substances. Le gros problème vient du fait que les industries chimiques ne font pas suffisamment de tests sur les effets de petites doses de ces substances, sur leurs effets à long terme et encore moins sur les effets combinés de plusieurs substances et de leurs métabolites. Les nanotechnologies qui produisent des systèmes minuscules vont à leur tour envahir notre quotidien avant que nous ayons pu étudier leurs effets sur la santé et l'environnement. Il est temps d'inverser le fardeau de la preuve et d'exiger de l'industrie qu'elle démontre que les produits qu'elle veut mettre sur le marché sont complètement et rapidement biodégradables.

Les organismes génétiquement modifiés

Le développement du génie génétique pose des problèmes d'une nature nouvelle. À ses débuts, il n'a pas encore eu d'influence sur les écosystèmes et la biodiversité, mais son potentiel de nuisance est considérable. La recherche en laboratoire, qui nous permet de mieux comprendre les mécanismes de la vie, et la production en usine de molécules complexes peuvent être contrôlées et sans grand danger. Par contre, l'utilisation commerciale d'OGM en plein champ pose des problèmes que personne n'a pu résoudre à ce jour.

La production permanente de pesticides par la plante elle-même peut porter atteinte aux insectes utiles, comme les abeilles, et créer des résistances chez les ravageurs, et les OGM peuvent provoquer des déséquilibres dans la nature par la création de plantes envahissantes ou toxiques et par des transferts de gènes à d'autres organismes. Les scientifiques alliés à l'industrie alimentaire adoptent une attitude arrogante à l'égard des personnes qui s'opposent à l'utilisation des organismes génétiquement modifiés en plein champ. Dès que les moindres doutes sont exprimés, ils contestent la compétence du public, trop émotionnel à leurs yeux, et revendiquent que les décisions soient prises par les scientifiques eux-mêmes. Le génie génétique est l'enjeu d'intérêts économiques colossaux et les brevets permettent à quelques compagnies de dominer le marché des semences et des animaux, au détriment des

L'utilisation commerciale d'OGM en plein champ pose des problèmes que personne n'a pu résoudre à ce jour.

droits des paysans. Les brevets sur le vivant sont inadmissibles car ils permettent une appropriation privée d'un bien collectif essentiel, la vie, qu'aucun être humain n'a inventé.

Pourquoi ?

Aux défis de la raréfaction des ressources, des changements climatiques, des pollutions chimiques, de la destruction des écosystèmes et des problèmes de l'eau qui en découlent, nous répondons par la science et la technologie. L'amélioration des techniques, pour parvenir à tirer davantage des ressources disponibles et à mieux réintégrer les déchets de notre civilisation dans la nature, est indispensable. L'isolation des bâtiments, le développement de moteurs efficaces, le captage des énergies renouvelables, l'utilisation d'ordinateurs qui peuvent optimaliser des processus de fabrication et réduire le besoin en déplacements, les méthodes sophistiquées de recyclage, tout cela est très utile et même nécessaire, mais ces améliorations devraient servir à alléger notre pression sur la nature alors qu'elles ont favorisé la croissance démographique et la frénésie de consommation qui aboutissent à son écrasement. Les idéologies de la croissance et de la consommation sont les responsables de la dégradation de la nature.

Des mesures politiques ont été prises, des lois ont été promulguées, des conventions internationales comme celles de Bâle sur les déchets, de Rio sur la biodiversité et sur les changements climatiques ont été signées et ratifiées, mais les maigres exigences posées sont bien en dessous des besoins et elles ne sont pas appliquées avec la rigueur nécessaire. Le système multilatéral est faible pour deux raisons principales : dans les instances multilatérales environnementales, les décisions se prennent à l'unanimité, par consensus, et les conventions et protocoles ne prévoient pas de mesures contre les

L'amélioration des techniques devrait servir à alléger notre pression sur la nature.

contrevenants. Par exemple, comme président de la Conférence des parties à la Convention de Rotterdam sur les produits chimiques (Convention PIC) en 2005 à Rome, je n'ai pas pu obtenir la décision de placer un composé de l'amiante, l'amiante chrysolite sur la liste des substances potentiellement dangereuses (annexe III de la Convention). Cette proposition était soutenue par une grande majorité des délégations présentes, mais la délégation du Canada, producteur, et celle de l'Inde, consommatrice, s'y sont opposées contre toute l'évidence scientifique dont nous disposions. Imaginez un instant que le Parlement de votre pays doive prendre ses décisions à l'unanimité : nos législations nationales ne seraient pas très avancées. Il faut toutefois relever un rare succès multilatéral dans le domaine de la chimie avec la Convention de Vienne et le protocole de Montréal pour réduire et éliminer les substances endommageant la couche d'ozone qui nous protège des excès de rayons ultra-violets. Le succès de cette convention a été facilité parce qu'on a pu produire et vendre des substituts des chlorofluorocarbones (CFC), dont certains ne sont d'ailleurs pas inoffensifs. L'industrie responsable des dégâts à la couche d'ozone, qui a gagné des milliards de dollars en vendant les CFC, n'a jamais payé les dégâts ni les coûts de conversion des systèmes de réfrigération. C'est la collectivité qui en a assumé la totalité des frais.

Pour l'instant, personne n'a, non plus, été condamné pour avoir infesté la planète avec les PCB cancérigènes que l'on retrouve dans les poissons de nos rivières, ou pour la commercialisation de l'amiante qui tue encore aujourd'hui par des cancers particulièrement douloureux, ou encore pour avoir pollué les nappes phréatiques avec des herbicides. Qui sera condamné pour avoir déstabilisé le climat de la planète, pour avoir produit des OGM qui auront éradiqué des espèces sauvages ou contaminé des plantes cultivées biologiquement ? Je rêve d'un tribunal international de l'environnement qui pourrait

Personne n'a été condamné pour avoir infesté la planète.

instruire en toute indépendance les dossiers environnementaux et condamner les États, les entreprises et les personnes qui se rendent coupables de crimes contre l'environnement parce qu'elles ont autorisé ou produit des substances dangereuses ou détruit des écosystèmes naturels. Une telle institution rendrait les entreprises chimiques, biotechnologiques, pétrolières, financières, touristiques beaucoup plus prudentes.

Qui peut penser qu'une société qui croît indéfiniment dans un monde fini puisse durer ?

Science, technologie et politique ne suffiront pas à redresser la situation tant que dominera une idéologie de la croissance et de la consommation. Il y a une cause première aux causes physiques, directes, de la destruction de la nature décrites ci-dessus. Pourquoi l'humanité prétend-elle avoir tant de besoins ? Qui peut penser qu'une société qui croît indéfiniment dans un monde fini puisse durer ? Voulons-nous vraiment changer la situation, rétablir un équilibre avec la nature ? Je n'entends chez aucun politicien, même en temps de crise économique grave comme celle des années 2008-2009, une remise en question de notre manière de vivre et de penser. Nous sommes en train de transformer le paradis terrestre que nous avons reçu en enfer. Les leaders du monde n'ont pas encore compris que nous dépendons à cent pour cent de la nature pour notre épanouissement et plus simplement pour notre survie. Lorsque je propose des mesures de protection de l'environnement, j'entends souvent cette phrase : inutile de se faire du souci pour l'avenir, de toutes façons, l'homme s'en est toujours sorti.

C'est faux. Chaque fois qu'une civilisation est arrivée à une limite des ressources disponibles, soit elle a subi des famines et des épidémies, soit elle est allée chercher ce qui lui manque chez d'autres. L'histoire est jonchée de souffrances et de cadavres, justement parce que l'homme ne sait pas comment s'en sortir et qu'au lieu de se réguler, il vole et massacre. Les conquêtes d'Alexandre, l'expansion romaine puis les invasions barbares, les croisades, les famines, la peste, la guerre de Cent ans, puis celle de Trente ans, les horreurs de la colonisation et de l'esclavage, les guerres napoléoniennes et les guerres du XXe siècle, la Palestine, l'Irak, le Darfour sont toutes des luttes pour la maîtrise des ressources. Si nous voulons éviter de répéter les massacres de l'histoire et assurer un épanouissement de nos sociétés humaines, dans un projet de développement durable, nous devons adapter nos besoins à la capacité de la nature de les couvrir. Cela n'arrivera pas par miracle. Il faut prendre des décisions pour développer des techniques économes en énergie et en ressources, prendre des mesures pour réduire nos pollutions et notre consommation, et mieux partager. Sans quoi, le ciel nous tombera sur la tête et nous recommencerons à nous battre les uns contre les autres.

L'humanité fuit en avant, aveuglément, au risque de miner les bases même de son existence. Yves Paccalet a écrit un livre caustique intitulé *L'humanité disparaîtra, bon débarras* (2006). Tout comme lui, qui a écrit une suite plus optimiste (*Sortie de secours*, 2007), je ne peux accepter que nous en arrivions ainsi à la fin de l'humanité, même si notre civilisation nous y conduit tout droit. Je me plais à penser que nous n'en sommes qu'au début, encore très près des hommes préhistoriques, à peine 30 000 ans après les hommes dont nous avons retrouvé les restes dans la grotte de Cro-Magnon, et que le soleil nous donne encore plusieurs milliards d'années pour réussir. Il nous reste une chance, qui nous distingue des autres espèces : la capacité de prévoir et de modifier nos comportements. Alors commençons tout de suite, en remplaçant la peur par la confiance, l'agressivité par la curiosité, l'arrogance par l'amour, la boulimie par le partage, l'insolence par le respect. Ce sera le sujet du dernier chapitre de ce livre, qui plaide pour une nouvelle alliance entre l'homme et la nature, entre la science et la spiritualité.

Remplaçons la peur par la confiance, l'agressivité par la curiosité, l'arrogance par l'amour, la boulimie par le partage, l'insolence par le respect.

Une exigence morale

La raison et une analyse scientifique de la situation devraient suffire à changer nos priorités, par instinct de survie, mais nous nous sommes trop éloignés de la nature. Il y a une contradiction fondamentale entre l'idéologie de notre civilisation et les mécanismes de la nature, garants de durabilité. Il y a eu rupture morale. Le siècle des Lumières a ouvert la voie à l'individualisme, au sens critique et le positivisme du XIXe siècle a érigé la science et l'industrie en nouvelle idéologie. Avec la perte des grands courants religieux ont disparu les valeurs morales que leur système contenait, aux côtés de toutes sortes de belles fausses histoires et d'instruments pervers de domination. Aujourd'hui, la religion dominante est une nouvelle trinité : la science, la croissance et la consommation, sans limites, jusqu'à épuisement de la Terre. Plongés dans une palette de drogues pour oublier nos peurs existentielles, nous préparons l'effondrement de la première civilisation planétaire. Le chapitre deux examine cette histoire tumultueuse de la relation entre l'humanité et la nature.

Nous avons besoin d'un sursaut moral et spirituel.

Il y a un vide. Nous avons besoin d'un sursaut moral et spirituel, de nouvelles références, de valeurs, pour guider nos vies, pour vivre en collectivité, en harmonie avec la nature et pour répondre aux questions essentielles de la vie, de l'amour, du mal, de la souffrance, de la mort, de ce qu'il y a avant et après. Deux chemins complémentaires peuvent nous aider à retrouver ces valeurs, l'observation de la nature sauvage et la méditation ; la nature parce qu'elle est ce que l'homme n'a pas fait et qu'ainsi, elle nous donne accès directement au message du Créateur ; la méditation, parce qu'elle nous permet de retrouver au fond de nous-mêmes l'homme premier, non perverti, et de le relier au cosmos. Ce sont les thèmes des chapitres trois et quatre de ce livre.

deux

Les sens, la raison et l'esprit

Histoire critique de la relation entre l'humanité et la nature, des peuples premiers à la société technologique mondialisée. L'esprit scientifique qui a libéré l'humanité du dogmatisme religieux a été lui-même perverti en nouvelle idéologie du matérialisme, de la consommation et de la croissance. L'humanité moderne aura atteint sa maturité lorsqu'elle fera converger les sens, la raison et l'esprit.

Au chapitre précédent, j'ai affirmé que la crise écologique est la conséquence d'une fracture d'ordre spirituel, philosophique et moral entre l'humanité et la nature. Les premières fissures sont apparues très tôt et elles se sont multipliées tout au long de l'histoire de l'humanité, pour aboutir à une grave fracture avec le développement conjugué des sciences et de l'industrie.

Lorsque l'on examine l'histoire de la relation entre l'humanité et la nature dans divers courants spirituels et philosophiques, on constate que la nature y est presque toujours présente, mais dans des positions très différentes de l'un à l'autre. Les peuples premiers connaissent une relation fusionnelle avec la nature. Les religions rendent grâce à la beauté et à la générosité de la nature, œuvre et don de Dieu, et elles appellent à son respect et à une responsabilisation de l'homme envers elle. La nature, le désert, la forêt, la source, le cours d'eau y sont souvent décrits comme des lieux de paix propices à la prière, au recueillement, à la méditation. Dès l'Antiquité, les philosophes traitent de la nature profonde de l'homme, mais rares sont les courants philosophiques qui ont une considération pour la nature sauvage, et encore plus rares ceux qui trouvent dans la nature sauvage un message spirituel, philosophique ou moral. À la Renaissance, puis au siècle des Lumières, les philosophes ont créé une distance grandissante entre la raison et les sens, entre l'esprit et la matière, entre l'homme et la nature, pour aboutir à l'abandon de la spiritualité lors de la révolution scientifique et industrielle au XIXe siècle.

Les sociétés naturelles : la nature mère

Les peuples premiers ont une philosophie de l'identité de Dieu et de la nature. Pour eux, tout est à la fois matériel et spirituel. Dieu, l'Esprit se trouve en tout, en chaque élément de la nature.

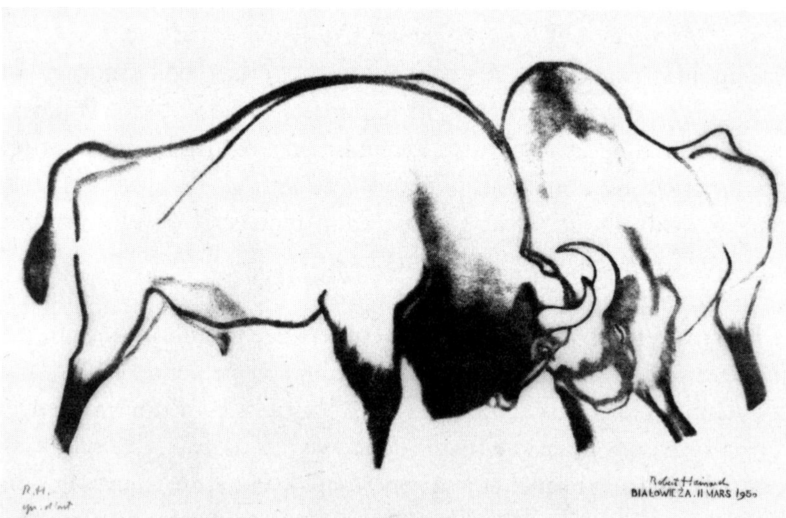

Robert Hainard, Bisons luttant. *Bialowieza (Pologne) 11.3.1959. Fini d'imprimer 15.12.1959 (© Fondation Hainard).*

Les premières traces de la pensée humaine, les peintures rupestres des Aurignaciens, Solutréens et Magdaléniens, entre -30 000 et -10 000 ans, dans la grotte Chauvet en Ardèche qui contient des dessins au charbon vieux de 30 000 ans, dans la grotte Cosquer dont l'entrée se situe 37 mètres sous la surface de la Méditerranée, qui a été habitée entre -27 000 et -19 000 ans, ou dans les grottes de Lascaux (-18 000 à -15 000) et d'Altamira (-15 000 à -13 500) montrent à la fois une observation rigoureuse de la nature et une capacité artistique d'abstraction qui représente en quelques traits un animal en mouvement. Les salles peintes sont profondes, parfois à plusieurs centaines de mètres de l'entrée de la grotte. Elles n'étaient pas habitées mais servaient de lieux de culte. Les grottes ornées sont des cathédrales, sièges de cérémonies religieuses pour entrer en contact avec les esprits de la nature. À part les mains, souvent représentées comme dans la grotte de Gargas, presque tous les dessins représentent des animaux : les spécialistes ont décelé dans certains dessins des scènes chamaniques aux trois stades de la conscience altérée : formes géométriques, transition et transformation en forme animale[1]. Il faut rappeler que le cerveau des Aurignaciens et des Magdaléniens était aussi développé que le nôtre (celui des hommes de Néandertal était même plus volumineux) et que, privés d'ordinateurs, de feux de circulation et de machines, ces humains ont pu concentrer toute leur énergie intellectuelle à leur relation avec la nature, dans un rapport utilitaire pour se nourrir, mais aussi dans un rapport spirituel. Leur connaissance parfaite de la faune a forcément conduit à un respect et à une identité avec la nature dans laquelle et dont ils vivaient.

La préhistoire a vénéré la Terre et la fécondité représentées par la Mère, que les Magdaléniens il y a 15 000 ans, et le peuple des Cyclades il y a 5 000 ans ont magnifiquement sculptée en statuettes aux ventres ronds.

Dès 5 000 avant J.-C., la civilisation des mégalithes bâtit des monuments impressionnants dont nous n'avons pas percé tous les mystères, mais qui démontrent une conscience cosmique, une relation avec la Terre-Mère et avec les astres, relation qui a motivé des efforts surhumains pour déplacer des pierres sur des kilomètres, dresser des menhirs, aligner des cromlechs, bâtir des dolmens, des tumuli et des temples majestueux comme celui de Stonehenge.

Les sociétés premières naturelles ont vécu, et vivent encore pour les quelques-unes qui subsistent, comme les peuples indiens en Amazonie, les Kogis en Colombie, les Papous en Nouvelle-Guinée, les Penans au Sarawak, les Aïnous sur l'île d'Hokkaïdo au Japon, les Pygmées dans le bassin du Zaïre, en harmonie avec la nature.

L'homme y est compris comme partie de la nature et forme avec elle un ensemble cohérent, géré par un grand Esprit qui habite toutes choses, êtres vivants, sources, forêts, montagnes, pierres. Dans une telle conception du monde, il n'y a pas place pour la destruction de la nature. On l'utilise avec respect, on ne la détruit pas.

L'homme forme avec la nature un ensemble cohérent, géré par un grand Esprit qui habite toutes choses.

Les peuples chasseurs sont des observateurs très qualifiés de la vie animale. Ils considèrent que l'animal chassé a une âme qu'il faut laisser échapper après la mort et dont il faut s'attirer le pardon pour l'acte de chasse. Les Papous tirent des flèches dans le ciel pour accompagner l'esprit de l'animal qu'ils viennent de tuer. Le père Louis Gremaud, qui a vécu en Papouasie dans les années 1950, me racontait dans mon enfance que les Papous pensaient que, pour se rendre d'un village à l'autre, leur sorcier prenait la forme d'un casoar pour se déplacer plus rapidement. La métamorphose entre humain et animal fait aussi partie de la cosmologie des Inuits :

> « *Quand ils furent endormis, l'âme du phoque fut saisie du désir d'être le fœtus de cette femme et d'entrer dans son corps, et il est dit qu'il y parvint en sautant par-dessus sa ceinture*[2]. »

Les chamanes, mamus, prêtres et sorciers sont chargés de conserver l'harmonie entre tous les éléments du cosmos : humains, nature et esprits. Les Aïnous vénèrent l'ours brun et ils dansent la danse nuptiale des grues de Sibérie. Les Kogis ont même acquis la conviction qu'ils sont chargés de cette tâche d'équilibre pour leurs petits frères, c'est-à-dire nous et que, s'ils disparaissent, le malheur s'abattra sur le monde entier.

Les populations des peuples premiers sont stables grâce à un contrôle des naissances par des rituels sociaux et la pharmacopée naturelle, grâce au cycle naturel de la vie et à l'équilibre avec les ressources du milieu, et de temps à autre au prix d'une guerre éclair entre tribus. Loin d'être constitués de vide, les vastes espaces occupés par les peuples premiers sont pleins ; pleins de l'ensemble vivant qui les constitue, et pleins d'humains : 2 à 3 millions de Papous occupaient la Nouvelle-Guinée encore totalement couverte de forêts, et la carte des peuples indiens d'Amérique du Nord montre des centaines de peuples différents, 7 à 8 millions d'habitants qui ne laissent aucun espace vide : populations certes peu denses mais qui occupent l'ensemble du territoire avec lequel elles vivent en équilibre. Les Indiens d'Amérique du Nord nous ont laissé de nombreux témoignages rapportés par les Européens conquérants, venus détruire leur civilisation. Ces témoignages très impressionnants, dont on peut voir des écrits originaux au musée national des Indiens d'Amérique à Washington, montrent un grand respect pour toute la Création, une relation spirituelle avec la terre, les rivières, les montagnes, les plantes et les animaux :

> *« Les anciens Lakotas étaient sages. Ils savaient que le cœur de l'homme s'endurcit quand il s'éloigne de la nature ; ils savaient que le manque de respect pour tout ce qui croît et vit aboutit très vite au manque de respect pour les hommes. C'est pourquoi ils veillaient à ce que les jeunes restent proches de l'influence pacifiante de la nature[3]. »*

Le texte suivant montre bien cette philosophie. Son authenticité est contestée, mais quel qu'ait été son auteur, sa beauté illustre parfaitement la philosophie des Indiens d'Amérique du Nord.

« Les fleurs parfumées de nos sources, le cerf, le cheval, le grand aigle sont nos frères ; les crêtes des montagnes, les sucs des prairies, le corps chaud du poney, et l'homme lui-même, tous appartiennent à la même famille.
« Si toutes les bêtes disparaissaient, l'homme mourrait de grande solitude de l'esprit. Car tout ce qui arrive aux bêtes ne tarde pas à arriver à l'homme. Toutes choses sont liées.
« Car ils aiment cette terre comme le nouveau-né aime le battement du cœur de sa mère[4]. »

J'ai eu la chance d'entrer en contact avec le peuple kogi en 2002, dans la Sierra Nevada de Santa Marta en Colombie, grâce à Juan Mayr Maldonado, alors ministre de l'Environnement, qui avait travaillé de nombreuses années avec et pour les Kogis. Après une semaine de conférence sur la gouvernance environnementale au sein des Nations Unies à Cartagena de los Indios, il a invité une dizaine de ministres à rendre visite à un groupe kogi, dans le village de Caciquial. Il a expliqué aux autorités kogis que nous étions venus leur demander conseil à propos des problèmes que le monde rencontre dans les domaines de l'eau et des changements climatiques. Après avoir écouté notre question, les deux mamus nous ont expliqué la façon dont ils travaillent pour résoudre un problème. Ils consultent la nature et la mémoire de leurs ancêtres au cours de cérémonies dans lesquelles interviennent des rituels et des objets sacrés. Ils nous ont ensuite longuement expliqué qu'eux aussi connaissent des problèmes d'eau et de climat, qu'ils ont de plus en plus de peine à nourrir leur population, leur territoire étant envahi par les colons et par la guerre, et que la folie des « petits frères », c'est-à-dire nous, perturbait les équilibres de la nature. Puis, ils nous ont donné leur réponse. *« Il s'agit d'un problème d'autorité »*, c'est-à-dire de gouvernance, le sujet de la conférence qui venait de se terminer. *« Vous êtes les chefs de l'eau, du climat. Vous ne parviendrez pas à résoudre les problèmes si vous n'êtes que les chefs de l'environnement matériel. Vous devez devenir les ministres spirituels de l'environnement. Et,* ont-ils ajouté, *nous sommes disposés à vous former.* »

Pour les Kogis, toute forme et toute action a son pendant en *aluna*, le domaine de la pensée et de l'esprit. C'est la recherche de l'équilibre et de la paix entre les différentes formes que sont les roches, les plantes, les animaux et les humains issus d'un même esprit qui fonde la finalité de leur existence. Une finalité symbolisée entre autres par les deux sacs que les Kogis portent toujours en bandoulière, l'un utilisé pour transporter les provisions et les objets matériels, l'autre pour la partie spirituelle, les feuilles de coca et les *seiwas*, petits objets utilisés pour réaliser des offrandes. D'après les Kogis, en ne nous occupant que de la dimension matérielle de l'environnement, nous ne pouvions pas mener à bien notre mission. Je suis resté, depuis ma visite, en contact spirituel permanent avec eux.

La révolution néolithique : la nature ressource

L'origine de la rupture entre l'humanité et la nature remonte loin, jusqu'au néolithique qui a été une formidable révolution, créatrice de l'agriculture. Elle portait déjà en elle le germe de cette rupture, car si l'agriculture est restée pendant dix mille ans, jusqu'au milieu du XXe siècle, biologique et très proche de la nature, elle a permis par sa production excédentaire l'émergence, dès le IVe millénaire, de civilisations avancées et structurées et la création des premières villes dans les plaines inondables des grands fleuves comme Uruk (3400-2900 av. J.-C.) en Basse Mésopotamie, Shahr-e-Sukhteh (3200-2100 av. J.-C.) dont j'ai visité les ruines dans la province du Sistan Balouchistan à la frontière entre l'Iran, l'Afghanistan et le Pakistan, Memphis (3000 av. J.-C.) en Égypte, Caral (3000 av. J.-C.) au Pérou ou Mohenjo Daro (2600 av. J.-C.) dans la vallée de l'Indus. En favorisant la concentration du pouvoir, de l'argent et de la culture, les villes ont permis le développement progressif d'un monde spécifiquement humain, qui a pu se croire détaché de la nature. Ces fissures se sont produites lentement, de manière très différente d'un lieu à l'autre, d'une époque à l'autre, et le passage à l'agriculture et aux villes n'a pas signifié automatiquement l'abandon de la nature. Par exemple, l'Égypte ancienne, qui a connu une civilisation très avancée, organisée et hiérarchisée, a gardé un lien fort avec la nature, puisqu'elle dut son épanouissement aux rythmes des crues du Nil. Elle a développé une mythologie complexe qui relie les humains, la nature, les animaux et les dieux. Dans l'Égypte des pharaons, les dieux ont à la fois une forme humaine et une forme animale, réalité qui témoigne de la vénération pour la nature d'une civilisation qui croyait en la métempsychose, c'est-à-dire dans le passage de l'âme humaine dans le corps d'animaux et vice versa. Les Égyptiens ont respecté, vénéré les animaux, dont beaucoup ont été sacralisés et auxquels ils ont réservé des rites funéraires semblables à ceux des humains. L'historien grec Hérodote écrit à leur sujet, au Ve siècle av. J.-C. : *« Les Égyptiens sont les premiers qui aient parlé de cette doctrine, selon laquelle l'âme de l'homme est immortelle et, après la destruction du corps, entre toujours dans un autre être naissant. Lorsqu'elle a parcouru, disent-ils, tous les animaux de la terre et de la mer et tous les oiseaux, elle rentre dans un corps humain ; le circuit s'accomplit en trois mille années*[5]. » Le pharaon Aménhotep IV, qui a pris le nom d'Akhénaton, a laissé un hymne à Aton, le Soleil Dieu, retrouvé dans le tombeau de Ay, l'un de ses successeurs, qui témoigne d'un lien spirituel entre tous les êtres vivants et Dieu. En voici un extrait :

> *« Toutes les fleurs vivantes qui poussent sur le sol*
> *Ont poussé par ton lever et s'enivrent de ton visage*
> *Tous les animaux dansent sur leurs pattes*
> *Les oiseaux qui étaient dans le nid se sont envolés de joie*
> *Leurs ailes qui étaient repliées sont déployées en adoration*
> *Pour Aton vivant, leur créateur*[6]. »

On peut rapprocher cet hymne de textes ultérieurs comme le Psaume 140 de la Bible ou l'hymne au soleil de François d'Assise. Ils expriment l'unité et la fraternité à l'intérieur du monde vivant, avec le cosmos et Dieu le Créateur.

Les peuples des mégalithes qui ont succédé aux Magdaléniens, du Vᵉ au IIIᵉ millénaire av. J.-C. en Europe, les Celtes qui se sont épanouis dans toute l'Europe pendant deux millénaires av. J.-C. et les peuples germaniques en Scandinavie et en Europe centrale, ont développé l'agriculture et des sociétés complexes sans bâtir de villes. Ils ont tissé des liens sociaux et spirituels avec la nature, les pierres, les sources, les arbres et ils vénéraient un panthéon de dieux et d'esprits liés au cosmos, à la terre et à la nature.

La nature chez les philosophes de l'Antiquité

L'une des premières ruptures entre l'humanité et la nature s'est produite dans la Grèce ancienne. Le culte de la Terre-Mère et de sa fécondité remonte à la nuit des temps. Il y a 3 500 ans, Gê, ou Gaïa, Terre-Mère, était vénérée au centre du monde, à Pytho, devenue ensuite Delphes, à la sortie du ravin de la Pappadia, où coule la fontaine de Castalie. J'ai escaladé à plusieurs reprises la clôture qui interdit l'accès à ce lieu pour aller méditer à la sortie du ravin et j'y ai ressenti un puissant souffle intérieur et une résonance avec le centre de la terre. Selon la légende, Apollon tua le serpent Python, fils de la Terre, et s'empara du site de Delphes où il établit sa prépondérance sur les divinités terrestres. Dès le VIIᵉ siècle av. J.-C., le culte d'Apollon, dieu solaire et de la raison, et celui d'Athéna, déesse de l'ingéniosité et de la sagesse, prirent le pas sur celui de Gaïa. Sortie de la tête de Zeus grâce à un coup de hache donné par Héphaïstos, Athéna, fille du Ciel, incarne la raison. Elle offre à Athènes l'olivier, symbole de la vie cultivée, consacrant la victoire sur les ténèbres de la Terre. Sur le sommet de l'Acropole d'Athènes, le culte de la Terre n'occupa dès lors plus qu'une place marginale à côté de celui d'Athéna.

La réflexion philosophique a produit des visions très diverses en relation étroite avec l'évolution des connaissances scientifiques. Le philosophe de l'Antiquité ne cherche pas seulement à comprendre l'origine et la finalité du monde, mais aussi comment il fonctionne, ce qui explique qu'on ait, par la suite, donné le titre générique *De la nature* à des œuvres comme celles d'Anaximandre (610-547 av. J.-C.), de Parménide (540-450 av. J.-C.), de Diogène d'Apollonie à la fin du ve siècle av. J.-C., d'Épicure (341-270 av. J.-C.), de Lucrèce (98-54 av. J.-C.) et d'Épictète (50-125 ap. J.-C.).

Lorsque la méthode expérimentale moderne n'existait pas et que les connaissances scientifiques étaient rudimentaires, la philosophie, métaphysique, s'est longtemps confondue avec la science et elle a développé des systèmes imaginaires pour rendre compte des phénomènes que l'on observait sans pouvoir les expliquer de manière scientifique, parfois avec une remarquable intuition, comme ce fut le cas avec l'invention par Leucippe, Démocrite et les philosophes atomistes du concept des atomes, parfois avec une naïveté qui fait sourire quelques siècles plus tard, comme la chute légèrement déviée de ces mêmes atomes, le clinamen imaginé par les épicuriens pour expliquer leur agrégation aléatoire.

Le culte de la Terre n'occupa dès lors plus qu'une place marginale à côté de celui d'Athéna.

L'histoire de la philosophie est un va-et-vient complexe et toujours inachevé de concepts et de visions sur l'origine et le sens de la vie, sur l'être, sur l'esprit, la raison, les sens et la matière. Elle est pavée de débats enflammés et d'interprétations diverses, qui ont fait dire à la philosophe genevoise Jeanne Hersch : « *On pourrait considérer l'histoire de la philosophie comme une histoire de malentendus*[7]. » Une belle illustration de cette situation est l'œuvre d'Aristote, adoptée par les philosophes arabes, rejetée ensuite par la scholastique au Moyen Âge, puis récupérée par Thomas d'Aquin et, plus tard, par la pensée des XVe et XVIe siècles, rejetée par les Lumières (il est cité dans l'*Encyclopédie*) et récupérée par les positivistes du XIXe siècle qui appréciaient son esprit scientifique.

Mon objectif n'est pas de tenter une présentation critique de l'ensemble des courants philosophiques de l'Antiquité, mais seulement d'examiner certains d'entre eux quant à l'influence qu'ils ont pu avoir sur la relation entre l'humanité et la nature. Par rapport à la position de l'homme dans la nature, je distingue trois grandes tendances philosophiques : les philosophies monistes et panthéistes, les philosophies dualistes et enfin les philosophies matérialistes. Nombreux sont les philosophes qui se trouvent à la croisée de ces catégories, avec toutes les nuances possibles et imaginables.

L'unité entre l'esprit et la matière

Les philosophies monistes et panthéistes admettent un seul principe sous-jacent à la multiplicité des phénomènes et une unité entre esprit et matière, entre le monde et Dieu. Considérant la présence de l'Esprit en toutes choses, elles favorisent par essence le respect de la nature. On trouve dans ce groupe Héraclite et les stoïciens, suivis plus tard par Spinoza, Emerson, les transcendantalistes et Pierre Teilhard de Chardin.

Héraclite (545-480 av. J.-C.) a écrit un ouvrage, intitulé par la suite *De la nature*, dans lequel il développe la thèse de la transformation permanente – tout est tout, tout devient tout –, proche de la philosophie hindoue. Il plaide l'harmonie des contraires, l'unité dynamique des opposés, qui a inspiré la dialectique de Hegel. Il s'agit d'une conception cohérente, unitaire de la nature, dont toutes les parties sont en relation entre elles dans l'espace et dans le temps.

Quant aux stoïciens de l'Antiquité, de Zénon (332-262 av. J.-C.) à Épictète (50-125 ap. J.-C.) ils ont développé une philosophie essentiellement fondée sur le monde concret, sur la nature. Pour eux les idées générales sont des abstractions, des noms, d'où leur rattachement au courant nominaliste. Le stoïcisme admet un Univers cohérent, entièrement imprégné et régi par une raison divine ou une âme du monde, à l'œuvre dans la nature entière, une âme universelle avec laquelle l'âme de l'homme est en communication permanente. Comme pour Héraclite et Spinoza, le dieu des stoïciens n'est pas en dehors du monde, il est pleinement dans le monde, dans la réalité sensible.

> *« Penser sans cesse que le monde est un vivant unique, ayant une seule substance et une seule âme, comment tout se rapporte à une conscience unique qui est la sienne, comment il agit en tout par une impulsion unique ; comment tout concourt à tout ce qui naît ; comment les choses sont tissées et enroulées ensemble. »*
> Marc Aurèle[8]

Marc Aurèle, né à Rome en 121, devient empereur en 161. Son règne se déroule à une époque troublée par des guerres incessantes aux frontières et par une épidémie de peste en 166. Il meurt à Vienne en 180, d'une maladie contractée au cours d'un combat sur le Danube. Adepte du stoïcisme, Marc Aurèle a cultivé la philosophie sa vie durant. En tant qu'empereur, il a favorisé l'enseignement de la philosophie et l'éducation des plus pauvres. Il a laissé douze livres qui composent ses « pensées ».

DR

Parmi les stoïciens, Cicéron (106-43 av. J.-C.) nous donne l'une des rares descriptions naturalistes de la terre. « ... *Personne, en contemplant la terre entière, ne douterait de la raison des dieux*[9]. » La philosophie stoïcienne inspire le respect de la nature, puisque tous les éléments de la nature font partie du même ensemble. Sénèque (4 av. J.-C.-65 ap. J.-C.) écrit dans son *De la vie heureuse* qu'il donne son assentiment à la nature. Il ne faut pas s'égarer loin d'elle, dit-il, il faut se conformer à sa loi et à son modèle, c'est là que réside la sagesse.

Il ne faut pas s'égarer loin de la nature, c'est là que réside la sagesse.

Bien qu'Aristote (384-322 av. J.-C.) ait été pendant vingt ans l'élève de Platon, sa philosophie est proche de cette première catégorie. Il est d'abord un scientifique de la nature. Il observe, dissèque et rassemble toutes les connaissances biologiques de son époque. Sa philosophie est imprégnée de cette approche organique : il y a chez Aristote continuité entre la matière, qui est l'être en puissance et la forme, ou l'âme, qui réalise les potentialités de la matière. Avec la cause efficiente et la cause finale, le système d'Aristote présente une nature finaliste, dynamique, animée d'une force vitale de diversification, qui fait tendre ses éléments à l'autonomie. Chez Aristote, il y a continuité du minéral à l'homme.

Le dualisme

Les philosophies dualistes admettent une réalité divine transcendante, inaccessible, c'est-à-dire une séparation entre le monde et Dieu, entre le corps et l'esprit. Cette tendance peut aller jusqu'à considérer la réalité sensible comme une illusion, la seule réalité étant du domaine de l'esprit. Pour Platon (428-348 av. J.-C.), les choses du monde sont éphémères, composées et relatives, alors que les Idées sont éternelles, simples et absolues. Il développe une théorie rationaliste de la connaissance, selon laquelle la vérité n'est pas dans la nature, mais au-delà, inaccessible. Il illustre cette vision avec l'allégorie de la caverne : nous sommes des prisonniers au fond de la caverne. Derrière nous passe un sentier. Un feu projette l'ombre de ce qui déambule sur le sentier contre la paroi de la caverne. Les ombres sont le monde sensible, que nous prenons pour la réalité. Ce qui déambule sur le chemin, ce sont les concepts, la raison, les mathématiques. À l'extérieur de la caverne luit le soleil, le monde des idées. On le voit, pour Platon, la nature est l'ombre de concepts, eux-mêmes pâles reflets d'une réalité beaucoup plus vaste et lumineuse. Cette philosophie conduit au dénigrement du monde sensible, donc de la nature, et à une suprématie de la raison, seule capable d'avoir accès à la vérité. Le dualisme a été repris par Augustin puis Descartes et Kant, et a ouvert la porte à l'élimination de toute spiritualité dans la nature.

Le matérialisme

Les philosophes matérialistes considèrent le monde comme réalité matérielle telle que nous la percevons, sans se préoccuper de l'influence de Dieu ou même de son existence. On trouve dans cette catégorie Épicure, repris par Lucrèce et plus tard par les empiristes John Locke (1632-1704) et David Hume (1711-1776), les positivistes du XIXe siècle et Karl Marx (1818-1883), qui a consacré sa thèse de doctorat à Démocrite et Épicure.

Épicure (341-270 av. J.-C.) enseignait dans un jardin, havre de paix au sein de la turbulente Athènes. Il a développé une vision mécaniste de la nature, sans finalité et sans contact entre les hommes et les dieux. Le but de sa philosophie est la recherche du bonheur par la sérénité, la paix intérieure (l'ataraxie) et par l'indépendance à l'égard des peurs inspirées par la religion, la douleur et la mort. Quelques siècles plus tard, son disciple Lucrèce (98-54 av. J.-C) publie un ouvrage intitulé *De la nature des réalités (De rerum natura)*, dans lequel il explique et développe la philosophie d'Épicure. L'ouvrage contient peu de choses sur la nature en tant qu'écosystème : *«… Du moins nous suffit-il, amis étendus sur un tendre gazon, au bord d'une eau courante, à l'ombre d'un grand arbre, de pouvoir à peu de frais réjouir notre corps surtout quand le temps sourit et que la saison émaille de fleurs l'herbe verte des prairies.»* Et plus loin : *«… L'Univers n'a pas été fait pour nous de création divine, tant l'ouvrage est défectueux[10] !»* Au chant V, Lucrèce donne une explication intéressante sur le fonctionnement de l'Univers et sur l'évolution des espèces, basée sur la fécondité de la Terre[11]. Malgré son pur matérialisme qui désacralise la nature, la sagesse épicurienne qui enseigne, comme la sagesse stoïcienne, la recherche du bonheur par la sérénité de l'âme, la paix intérieure, une ascèse modérée, la retenue, la jouissance contrôlée des plaisirs accessibles, la lutte contre les passions et contre les désirs inaccessibles, constitue un bastion moral contre les dérives expansionnistes et rapaces, contre l'avidité et la consommation excessive, destructrices des ressources.

Les philosophes de l'Antiquité ont cherché des réponses dans des raisonnements intellectuels, dans des métaphores (la caverne de Platon) et dans la «nature». La nature est ici essentiellement comprise soit comme les lois qui régissent l'Univers, raison pour laquelle leurs traités furent souvent intitulés *«peri phuseôs»*, «sur la nature», avec le mot dont nous tirons «physique», soit comme la nature humaine, le fond de notre être, notre conscience, notre logique. La nature au sens de nature sauvage n'est que rarement mentionnée comme référence, sauf chez Aristote et certains stoïciens. La philosophie antique s'est développée essentiellement sur un terreau intellectuel, des raisonnements logiques, des prises de positions idéologiques, et l'observation de la société humaine. Elle fait peu référence au grand livre de la nature.

La philosophie antique s'est développée essentiellement sur un terreau intellectuel, des raisonnements logiques.

Cette intellectualisation de la pensée humaine n'a pas causé en soi de dommages à la nature, mais elle a contribué à renforcer l'humain au sein de la nature, à séparer le spirituel, le rationnel et le matériel pour donner à la raison une position dominante sur la nature.

Les spiritualités orientales

En Asie, depuis plus de cinq mille ans, se sont développés de multiples courants spirituels et philosophiques. Leur diversité est immense mais ces courants, répandus de l'Inde au Japon, ont néanmoins de nombreux traits communs, au-delà de toutes les nuances, histoires, métaphores et disciplines qu'ils ont développées. Contrairement à une opinion répandue, les textes fondateurs de l'hindouisme et du bouddhisme ne contiennent pas systématiquement une spiritualité liée à la nature. Ce sont leurs principes moraux d'unité de la vie, de non-violence, de compassion, de sobriété qui ont conduit à des attitudes respectueuses de la nature.

L'unité de la vie, le souffle de l'Esprit en toutes choses

En Chine, le Tao est esprit universel présent en toutes choses, les plus grandes comme les plus petites, les plus importantes comme les plus insignifiantes. Le *Livre de la Grande Paix*, du Ier siècle ap. J.-C., explique le modèle d'harmonie des trois formes du qi, énergie primordiale, battement du cœur de l'Univers entre le yin, la Terre, le yan, le Ciel, et harmonie centrale. Les humains appartiennent à l'harmonie centrale, qu'ils ont la charge de préserver et de faire circuler entre le ciel et la terre. Si les humains manquent à leur devoir, le ciel et la terre se fâchent et s'expriment par toutes sortes de cataclysmes.

Le taoïsme a inventé la première législation sur l'environnement avec le livre des 180 préceptes.

Le taoïsme a inventé la première législation sur l'environnement avec le livre des 180 préceptes[12], qui invite par exemple à ne pas brutaliser les animaux, à ne pas tuer des êtres vivants, à ne pas brûler la végétation, à ne pas déverser de poisons dans l'eau, à ne pas assécher les marais, à ne pas posséder trop de biens.

Le confucianisme est connu pour son éthique personnelle et sociale et sa morale pragmatique. Il repose sur une conception organique et holistique de l'Univers considéré comme un tout cohérent, continu et dynamique. Le principe constitutif de tout être, li, et la force créatrice de l'Univers, ch'i, sont en harmonie dynamique, et le but de la vie est la recherche permanente de l'harmonie dans un monde en constante transformation. L'harmonie se réalise d'abord en soi et dans sa propre vie, pour répondre comme une résonance à l'harmonie du monde. De tels principes philosophiques conduisent à une fraternité avec le cosmos et s'opposent à toute idée de domination ou d'exploitation inconsidérée de la nature[13].

Au Japon, le shintoïsme est essentiellement panthéiste. L'homme est un élément du grand tout, la nature est sacrée et chacun de ses éléments est habité par l'esprit : les astres, une source, un cours d'eau, chaque être vivant, une pierre. J'ai constaté à Kyoto que certains temples bouddhistes du Japon ont conservé des éléments shintoïstes dans leur enceinte, signe de tolérance et de respect pour l'ancienne philosophie naturaliste et panthéiste.

Les *Upanishads*, composés entre l'an 1 000 et l'an 500 av. J.-C., font partie des livres fondamentaux du brahmanisme hindou. Elles enseignent que tous les êtres et toutes les choses sont identiques avec l'âme universelle, et puisque l'âme universelle est en tout être, l'homme lui-même se retrouve en tout être, autant dans une plante, que dans un animal ou dans l'être divin, une unité qu'exprime cette phrase clé des *Upanishads* : *« tat tvam asi »*, « cela c'est toi ».

Dans la *Bhagavad-Gita*, le chant du bienheureux, Krishna dit qu'il soutient l'Univers entier, que nous pouvons le trouver en toutes créatures et toutes créatures en lui. Trois versets successifs de la *Bhagavad-Gita* expriment particulièrement clairement ce concept :

« Le vrai yogi Me voit en tout être et tous les êtres en Moi. En vérité, l'âme réalisée Me voit partout. » (6.29)
« Qui Me voit partout et voit tout en Moi n'est jamais séparé de Moi, comme jamais non plus Je ne me sépare de lui. »(6.30)
« Le yogi qui, rassemblé dans son unité, Me vénère en toutes choses, demeure en Moi. » (6.31)

Dans un livre que j'ai eu l'honneur de préfacer avec le Dalaï-Lama, celui-ci écrivait : *« En tant que bouddhiste, je crois à l'interdépendance de toutes choses, à l'interrelation qui existe dans la totalité du spectre de la vie végétale et animale, y compris les éléments de la nature qui s'expriment sous forme de montagnes, de vallées, de rivières, de ciel et de lumière du soleil*[14]*. »* La « sûtra de l'ornementation fleurie des bouddhas » ou, en sanskrit, *Avatamsakasûtra*, contient la description d'un filet de perles qui garnit la voûte céleste de la demeure du dieu Indra. Il s'agit d'un filet de dimension infinie dont chaque nœud est orné d'une perle qui scintille comme une étoile. Les artisans ont disposé les perles de telle manière que lorsque l'on s'approche de n'importe quelle perle, on remarque que toutes les autres s'y reflètent. La métaphore du ciel d'Indra exprime l'unicité de l'Univers, la relation étroite qui unit chacun de ses éléments.

Les cycles de vie

L'idée du voyage des âmes au cours de vies successives dans des corps humains et animaux, la métempsychose, est ancrée très anciennement dans les védas et reprise par le brahmanisme et le bouddhisme ultérieurement. La jatakamala (la guirlande des naissances) qui raconte les vies antérieures de Bouddha fait une large place au monde animal et explique la compassion de Bouddha pour les animaux et tous les êtres vivants. C'est ainsi que l'on attribue au Bodhisattva plus de cinq cents vies avant de devenir Bouddha. Il se trouve une bande dessinée, ou plutôt sculptée, de ces étapes de la vie de Bouddha dans l'une des galeries du temple de Borobudur, au centre de l'île de Java. Une des légendes raconte que le futur Bouddha était sous la forme d'un lièvre lorsqu'il voulut se jeter dans le feu pour nourrir un mendiant affamé. Mais ce mendiant était le dieu Indra lui-même, qui arrêta le lièvre et dessina, pour le remercier, un lièvre sur la lune. Les cycles de vie s'achèvent par l'accession au Nirvana.

La non-violence

La non-violence *(ahimsa)* tant prêchée et pratiquée par le mahatma Gandhi, père spirituel et politique de la nation indienne moderne, lui venait d'une forte influence jaïn. Pour les jaïns, il n'y a pas de dieu créateur. La vie est éternelle et chaque âme lutte pour son salut, pour atteindre le Kevala, pendant jaïniste du Nirvana bouddhiste, une fois qu'elle s'est débarrassée des karmas qui l'empoussièrent. Pour y parvenir, elle doit pratiquer la non-violence à l'égard de tous les êtres vivants, mais aussi de la terre, de l'eau, de l'air, du feu. Le livre fondateur du jaïnisme, l'*Acaranga Sutra*, traite à fond cette question de la non-violence. Par égard pour les animaux, les plantes, la terre, l'eau, l'air et l'énergie, les jaïns adoptent un régime végétarien très restrictif. Pour les jaïns, tout être sensible a une âme et mérite respect, raison pour laquelle ils se déplacent avec un balai de plumes de paon pour éloigner les insectes qui se trouvent sur leur chemin, afin de ne pas les écraser.

La nature

Le concept de nature et la relation entre l'humanité et la nature ont pris des aspects très divers et parfois contradictoires au sein des sagesses orientales. La philosophie d'unicité de l'Univers crée fondamentalement une fraternité avec la nature et un grand respect pour elle. Cela ne concerne toutefois pas systématiquement la nature sauvage, parfois ressentie comme un danger ou un chaos. La tradition bouddhiste, par exemple, n'est pas a priori naturaliste. Née en Inde dans le contexte urbain d'une population de marchands, d'artisans, de banquiers, elle contient des passages peu sympathisants envers la nature sauvage. La littérature *Prajnaparamita* (la perfection de la sagesse) considère la forêt comme un lieu malsain, infesté d'animaux dangereux et d'insectes ravageurs, auquel on rêve d'échapper. L'état d'élévation suprême vers Bouddha est un monde sans animaux, dont les habitants seront nourris directement de la manne divine. Mais le bouddhisme s'est ensuite étendu dans toute l'Asie, dans des contextes culturels plus proches de la nature. La nature y est respectée comme lieu de paix et chaque temple bouddhiste abrite un arbre sacré, lien vivant avec l'arbre sous lequel Bouddha reçut l'illumination. Lorsque je présidais une conférence sur le droit de l'environnement à Colombo en août 2006, je me suis échappé à la première occasion pour aller méditer dans le temple de Gangaramaya. J'ai ensuite embrassé l'arbre dans la cour du temple, restant longtemps enlacé à son immense tronc. Sentant un nuage de tendresse se poser sur mon corps, je me suis rendu compte qu'un couple de fiancés était en train de m'entourer, avec l'arbre, d'une guirlande de fleurs, destinée à leur porter bonheur. Lorsque je m'en suis aperçu, je leur ai fait un signe d'excuse, mais ils m'ont demandé de rester jusqu'à ce qu'ils aient effectué sept tours avec cette guirlande parfumée, m'incluant dans leur demande de protection.

J'ai vu personnellement des saddhus vivre en pleine nature sur des falaises régulièrement visitées par des tigres.

Les hindous entretiennent une relation complexe avec la nature. Ils ont exercé une forte pression sur les peuples premiers qui vivaient dans les forêts de l'Inde, qu'ils ont coupées pour l'agriculture ou occupées par leurs villages et leurs temples. Malgré cela, ils manifestent un grand respect pour la nature.

J'ai vu personnellement des saddhus vivre en pleine nature sur des falaises régulièrement visitées par des tigres aux abords de la réserve de Ranthambore, et des pèlerins visiter les lieux saints à pied à travers le territoire des tigres, sans aucune protection. Cette situation me rappelle ce que disait à ce sujet le sage chinois Lao Tseu : *« J'ai appris que celui qui veille à harmoniser sa vie peut cheminer sans se garer du rhinocéros ou du tigre*[15]*. »*

La grande épopée du *Ramayana*, écrite vers 600 av. J.-C. par le poète Valmiki, raconte le voyage de Rama à travers l'Inde. Elle contient une description de nombreuses plantes, et les forêts y jouent le rôle de refuge et de lieu de prière et de méditation. On y trouve des descriptions précises, naturalistes et enthousiastes de la beauté de la nature :

> *« Alors qu'ils voyageaient avec Sita, ils ont vu des paysages variés de montagnes, des forêts, d'adorables rivières avec des grues et des tadornes sur leurs bancs de sable, des étangs couverts de lotus et peuplés d'oiseaux aquatiques, de grands troupeaux d'antilopes pommelées, des gaurs cornus, des sangliers en rut et des éléphants butant contre des troncs*[16]*. »*

Pour éviter de tomber dans un angélisme naïf au sujet de la philosophie hindoue, il est utile de mentionner que l'on trouve aussi dans le même *Ramayana* des passages qui décrivent une nature sauvage menaçante :

> *« Mais bientôt ils arrivèrent vers une forêt d'aspect redoutable, sans chemin, et Rama Aiksvaka, fils du meilleur des rois, dit au plus sage : "Quelle sinistre forêt ! Elle renvoie l'écho des essaims de criquets et est envahie de terrifiants animaux de proie et de vautours à la voix rauque. Elle est emplie de toute sorte d'oiseaux émettant des cris terrifiants, de même que de lions, de tigres, de sangliers et d'éléphants. Elle est pleine des arbres dhava, asvakarna, kakubha, bilva, tinduka, patala et badari. Quelle horrible forêt que voilà*[17]*! »*

L'importance du *Ramayana* dans la culture indienne est montrée par la protection accordée à de nombreux coins de forêts, simplement parce qu'ils sont mentionnés dans cette épopée.

Et pourtant !

Les philosophies orientales prêchent le détachement, la sobriété, le respect de toute chose et de tout être. Elles préconisent la libération, l'éveil par une ascèse individuelle. Comment se fait-il que des peuples animés d'une telle philosophie aient accepté le mode de développement occidental ? L'Inde a laissé sa population proliférer, a coupé ses forêts et tué ses animaux sauvages, au point qu'aujourd'hui, elle compte trois fois plus d'habitants qu'au moment de son indépendance en 1947. Elle a perdu 90 % des ses forêts et 95 % de ses tigres. La modernité a amené ses effets pervers, sans être accompagnée des règles qui lui auraient été nécessaires. La sagesse hindoue a été renversée par la logique de la civilisation industrielle de consommation et de croissance. Le fleuve sacré, le Gange, est l'un des plus pollués au monde. Il draine les déchets de 450 millions de personnes et ses eaux infestées tuent 1 500 000 enfants chaque année. Dans les dernières décennies, la philosophie qui fonde les divers courants religieux, développée dans les textes védiques, les *Upanishads* et plus tard dans la *Baghavad-Gitâ*, a servi de base au développement de mouvements écologistes tels que le mouvement Chipko, pour la protection des arbres, ou celui de la journaliste Arundhati Roy contre le barrage de Narmada. Mais la machine destructrice de l'idéologie industrielle s'est emballée et elle atteint aujourd'hui l'ensemble de l'Asie, de l'Inde à la Chine.

Les héritiers d'Abraham : la nature, œuvre de Dieu

Le judaïsme

On a souvent attribué à la Genèse l'élan prolifique, conquérant et finalement destructeur de la nature, de la civilisation judéo-chrétienne. Or, le message de la Genèse n'est pas un message de domination ni de destruction, mais de responsabilité et de gestion.

Dans le livre de la Genèse, Dieu est le Créateur de toutes choses qui, de ce fait, ont une valeur intrinsèque, bien au-delà de la simple utilité pour les hommes. Dans le texte de la Genèse, Dieu offre à l'homme un jardin à garder et à cultiver : « *Le Seigneur Dieu prit donc l'homme, et le mit dans le paradis de délices, afin qu'il le cultivât et le gardât.* » (Gen. II : 15). Le mandat de multiplier et de couvrir toute la terre ne s'adresse pas qu'aux humains, comme pourrait le laisser penser le passage Gen. I : 28, mais aussi aux poissons et aux oiseaux (Gen. I : 9-25). Il s'agit donc pour toutes les espèces de prendre leur place ensemble dans la nature. J'ai admiré, dans le monastère Saint-Nicolas Anapavsas, dans les Météores en Grèce, une magnifique fresque naturaliste de Theophane le Crétois (XVIe siècle) qui montre Adam donnant à chaque espèce son nom (Gen. II : 19). Le fait que l'homme nomme les animaux est une reconnaissance de leur identité et de leur diversité, donc de leur valeur intrinsèque. Il est vrai que le rôle particulier de l'homme gardien de la Création, créé à l'image de Dieu, lui a donné une confiance en soi qui a contribué à l'élan prométhéen de l'humanité occidentale, mais la Genèse ne fonde en rien la domination destructrice de la nature engendrée par la société industrielle.

Le message de la Genèse n'est pas un message de domination ni de destruction, mais de responsabilité et de gestion.

Il y a, dans la tradition juive, deux écoles au sujet de la transmission du message divin. Pour l'école de l'ancienne sagesse, présente dans tout le Moyen-Orient, bien au-delà du judaïsme, il y a cohérence entre la nature et les Écritures, entre l'ordre naturel et l'ordre moral. Pour l'école deutéronomiste, ce sont les Écritures seules qui contiennent le message de Dieu. Cette école canonique, appuyée sur le texte intransigeant du Deutéronome, a lutté contre tous les restes de naturalisme, de panthéisme, appelés idolâtrie pour mieux fustiger ces cultures anciennes. Stephen Geller[18] situe au VIIe siècle av. J.-C. la crise de l'ancienne sagesse dans le judaïsme et la montée en puissance de l'école deutéronomiste. Il a mené une passionnante analyse du livre de Job qui aborde la question de la souffrance : comment expliquer la souffrance des justes et la prospérité des mécréants ? Geller conclut que ce poème d'une grande beauté est un subtil exercice d'acrobatie pour tenter de concilier les deux écoles. Il contient de magnifiques passages qui mettent en évidence l'importance de la nature, œuvre de Dieu. Job répond aux défenseurs de la loi qui l'accusent :

> *« Interrogez les animaux, et ils vous enseigneront ; consultez les oiseaux du ciel, et ils seront vos maîtres. Parlez à la terre, et elle vous répondra, et les poissons de la mer vous instruiront. Qui ignore que c'est la puissance de Dieu qui a fait toutes ces choses, lui qui tient dans sa main l'âme de tout ce qui a vie, et tous les esprits qui animent la chair des hommes[19] ? »*

Dans le Livre de Job, Dieu montre longuement qu'il est l'auteur de la création de tous les animaux, chèvre, gazelle, cheval, épervier, établissant une relation claire entre toutes les espèces et le Créateur, leur donnant ainsi une dignité intrinsèque, indépendante de l'homme (Job, 39 : 1-30). Il va encore plus loin avec Béhémoth, l'hippopotame dont il décrit les qualités exceptionnelles, *« C'est le chef-d'œuvre de Dieu »*, et la parfaite intégration dans son environnement humide de lotus et de roseaux (Job. 40 : 10-19). Quant au Livre des Psaumes, il contient un hymne au Créateur qui affirme l'origine divine du monde, des montagnes, des sources et de tous les êtres vivants, et la sollicitude de Dieu pour chacun d'eux[20].

Mais le judaïsme du Deutéronome a pris le dessus. Il a écarté la nature et privilégié le dialogue direct entre Dieu et les hommes, et la soumission à la Loi, aux commandements. L'histoire errante et tourmentée du peuple juif n'a pas favorisé une culture mystique liée à la nature. Ce n'est que récemment que s'est développée une écologie juive, par des juifs intégrés à la société occidentale, particulièrement aux États-Unis.

Le christianisme

Avec son héritage hébraïque, le christianisme est essentiellement anthropocentrique, mais la nature y occupe une place respectée comme création de Dieu, témoin de sa bonté. Le message du Nouveau Testament contient des passages lumineux quant à la relation entre Dieu et la nature. Dans l'épître aux Colossiens, Paul écrit à propos du Christ que *« tout a été créé par lui et pour lui »* et, plus loin, qu'il plut à Dieu par le Christ *« de se réconcilier toutes les créatures, qu'elles fussent de la terre ou du ciel*[21] *»*. À l'occasion d'un message de sagesse sur le détachement et l'humilité, les évangiles de Luc et de Matthieu contiennent un passage qui montre à la fois l'importance que le Dieu chrétien donne à l'homme, mais aussi l'attention qu'il porte aux plantes et aux animaux :

> *« Considérez les corbeaux : ils ne sèment ni ne moissonnent; ils n'ont ni cave ni grenier, et cependant Dieu les nourrit. Combien ne valez-vous pas plus qu'eux? Qui de vous à force de se faire du souci, peut prolonger la durée de sa vie d'une seule coudée? Si donc vous ne pouvez pas les moindres choses, pourquoi vous inquiétez-vous du reste? Considérez comment croissent les lis : ils ne filent ni ne tissent. Cependant je vous dis que Salomon même, dans toute sa gloire, n'a pas été vêtu comme l'un d'eux.*

Si Dieu donc revêt de la sorte l'herbe qui pousse aujourd'hui dans les champs, et qui demain sera jetée au feu, à combien plus forte raison vous vêtira-t-il, gens de peu de foi[22]. »

L'un des plus importants Pères de l'Église, Augustin (354-430), s'est beaucoup exprimé au sujet de la Création. Il écrit que Dieu est en toutes choses[23], mais il a une lecture plus symbolique que naturaliste du monde. Lorsqu'Augustin recherche Dieu auprès des créatures, elles lui répondent : « *Nous ne sommes pas votre Dieu, et c'est lui qui nous a faits*[24]. » Il n'attend donc pas de réponse de la nature à son questionnement sur Dieu et il considère que seule l'âme, exclusivement humaine, bien distincte et séparée du corps, est capable de le connaître. La nature est digne de respect parce qu'elle a été créée par Dieu, mais elle est purement matérielle, sans âme. Cette conception dualiste a eu une forte influence sur la pensée chrétienne durant toute son histoire.

Après la chute de l'Empire romain, les peuples germaniques ont apporté leur grande considération pour la nature à l'Europe occidentale. Ils vénéraient des arbres, des rivières, des collines, des tourbières où ils célébraient leurs dieux Freyr, Wotan, Donar et Ostara, déesse de la fertilité qui a donné son nom à la fête de Pâques en allemand *(Ostern)*. Ce terrain germanique a été propice à la nouvelle christianisation de l'Europe dès le VIe siècle par le moine irlandais Colomban et ses disciples, héritiers des druides et de la culture celtique, qui a régénéré une civilisation en contact avec le cosmos et la nature, comme en témoignent les églises romanes primitives de Thuret ou d'Orcival (Puy-de-Dôme) et beaucoup d'autres.

Église d'Orcival. (DR)

Colomban est né en Irlande en 540. N'ayant pas été romanisée, l'Irlande est passée directement de la civilisation celtique au christianisme. Colomban fait partie de cette tradition chrétienne celtique, qui a transformé des dieux celtes en saints chrétiens et a conservé des pratiques et des références druidiques, comme la croix celtique. Il fut moine à Bangor avant de partir pour le continent avec douze compagnons, afin d'évangéliser les populations germaniques après la chute de l'Empire romain. Il fonda de nombreux monastères, le premier à Luxeuil en Bourgogne et le dernier à Bobbio, en Lombardie, où il mourut en 615.

Ces églises contiennent des représentations symboliques et ésotériques qui expriment une relation spirituelle avec la nature. Sur les chapiteaux de l'église d'Orcival figurent les dieux celtes Owein chevauchant un saumon et Esus sur son bélier[25]. Henri Vincenot a mis en scène cette continuité entre l'ancienne et la nouvelle religion[26] :

> *« – … Et pour tout vous dire, Père, sur le trumeau de l'entrée de la Belle-Porte, à votre place, moi je mettrais un loup… comme sur la façade de l'église de Seuillet.*
> *– Un loup ? Grand Dieu du Ciel et de la Terre ! Et pour quoi faire, mon fils ?*
> *– Oui, un loup : l'animal de lumière, le génie solaire, une des représentations de Bélen…*
> *– De Belen ? fit le moine en se signant, ce loup qui figure sur certaines monnaies gauloises ?*
> *– Oui ! Mais ce loup-là tiendrait, comme à Seuillet où je l'ai sculpté moi-même, une hostie dans sa gueule. Ainsi mon loup apporte avec l'hostie, ou pain de vie, la nourriture spirituelle, la lumière divine qui conduit à la connaissance de la Vérité et de la Beauté. »*

L'Irlande a été le réservoir de la culture celtique qui a échappé à la domination romaine. Lorsqu'elle a été christianisée dès le ve siècle, elle a opéré un subtil syncrétisme entre la culture celtique et le christianisme.

Les prêtres ont succédé aux druides et d'anciens dieux et déesses celtes ont été adoptés comme saints chrétiens. D'innombrables lieux de culte celtique ont été christianisés, tout en conservant un lien fort avec leur origine. Des lieux consacrés à Dana Ana, la mère des dieux celtes, ont été consacrés à sainte Anne, mère de la Vierge Marie, ou à Notre Dame, mère du Christ. Brighit est une figure de Dana Ana. Maîtresse de la nature et des animaux, elle a, selon la tradition celte, le don de faire reverdir le bois mort et de favoriser la lactation des vaches, une filiation indo-européenne du culte de la vache, animal sacré. Elle est devenue sainte Brigitte de Kildare au moment de la christianisation de l'Irlande. On trouve en maints lieux d'Europe des villages, des sources, des bois, des pierres, des lieux-dits au nom de Brigitte, sous ses diverses variations comme Bra, Brice, Brigide, Berhed, Biddie, Bride, Bridie, Bridget, Brighid, Britt, Britta, Berc'hed, Berhet, Béret, Brehet, Britzgibari, Bregenz, Brescia, qui témoignent d'une filiation directe entre les cultes celte et chrétien. Corinne Hoex a étudié la présence de Brigide en Belgique, où elle a trouvé de nombreuses représentations de la sainte accompagnée d'une vache. Elle décrit des rites encore récents dans lesquels les paysans, par exemple à l'église du village de Fosses-la-Ville, fondée en 651 par le moine irlandais saint Feuillen, faisaient bénir des baguettes de coudrier (noisetier) avec lesquelles ils touchaient ensuite la statue de sainte Brigide accompagnée de sa vache, en tournant autour du cœur. Les baguettes étaient alors cachées dans les maisons et les étables, comme protectrices de la famille et du bétail[27]. Autrefois, chaque ferme de la région exhibait une statuette

Les prêtres ont succédé aux druides et d'anciens dieux et déesses celtes ont été adoptés comme saints chrétiens.

de sainte Brigitte. Un vitrail de l'église de Villettes, en Ardennes, représente sainte Brigitte avec une vache et des seaux de lait. Près de là se trouve un « trou de Bra » où l'on a construit une reproduction de la grotte de Lourdes. À l'église de Liernu dans le Namurois, sainte Brigide est représentée accompagnée d'une vache en ronde-bosse et sur un vitrail, et une fresque la montre à genoux au pied de l'autel dont l'estrade en bois fleurit autour d'elle[28].

De nombreuses histoires montrent la proximité des premiers chrétiens irlandais avec la nature. Voici ce que rapporte Liliane Crété[29] : « *Un matin, alors que le moine Cuthbert sortait de l'eau glacée où il avait passé la nuit en prière, deux loutres vinrent auprès de lui, soufflèrent sur ses pieds pour les réchauffer et les essuyèrent de leur fourrure. Il semble que les anachorètes avaient tous des animaux favoris : loutres, hiboux, chats, oiseaux. L'ermite Paul, que saint Brendan rencontra au cours de son long voyage à la recherche du paradis, était nourri trois fois par semaine d'un poisson apporté par une loutre. Saint Ciaran eut pour premiers disciples un ours, un renard, un blaireau, un loup, un cerf.* » Observez bien les tympans, les chapiteaux et les frises des églises romanes primitives : vous y découvrirez un riche bestiaire. Par exemple, les colonnettes romanes de l'entrée sud de la collégiale de Saint-Ursanne, dans le canton du Jura, présentent une bande dessinée, ou plutôt sculptée, d'un loup qui est instruit par un moine, alors qu'il porte un regard concupiscent sur un mouton. La bibliothèque de Saint-Gall possède un évangile dont la couverture en ivoire, gravée par le moine Tuotilo vers l'an 890, montre en deux tableaux l'histoire de Gallus, compagnon de Colomban, qui rencontre un ours lorsqu'il vient s'installer sur les lieux de l'actuelle ville de Saint-Gall. Le moine apprivoise l'ours qui se met à son service, lui apporte du bois puis reçoit un pain en récompense.

Les monastères ont pris le relais des villas romaines, comme à Cluny, et sont devenus les centres intellectuels de l'Europe. Malgré le développement des cités au Moyen Âge, l'essentiel de la civilisation se trouve alors dans les monastères à la campagne. Il y a à cette époque, à l'intérieur des ordres religieux, une continuité entre la spiritualité, la philosophie, le travail intellectuel, l'artisanat, la culture des champs et la nature.

Après cinq siècles de christianisme fortement imprégné du naturalisme celtique, l'ordre de Cîteaux, fondé en 1098 en réaction contre les excès de luxe de Cluny, abolit les décorations et, avec elles, les représentations symboliques et ésotériques dans les églises et les bâtiments conventuels, rompant ainsi avec la tradition celtique. On peut constater très facilement en visitant des bâtiments cisterciens, comme l'abbaye de Fontenay, en Bourgogne, ou l'un des cinq cents autres sites cisterciens en Europe, qu'ils sont d'une architecture très sobre, apaisante, peu ou pas décorée.

La nature n'a heureusement pas totalement disparu de la pensée chrétienne. Le XIIe siècle a été illuminé par les œuvres d'Hildegarde de Bingen et de François d'Assise. En simplifiant, disons qu'il y a désormais deux sensibilités opposées au sein du christianisme : la ligne mystique, écologiste, et la ligne scholastique, formaliste.

Hildegarde de Bingen (1098-1179), mystique bénédictine célèbre pour ses études des plantes médicinales, a décrit treize visions dans son livre *Scivias,* « Sache les voies ! ». Ses textes profondément religieux, défenseurs de la doctrine de l'Église, contiennent des passages sans équivoque sur la valeur de la nature qui contient la substance divine :

> *« Je suis cette essence vivante et ardente de la divine substance qui apparaît dans la beauté des champs. Je brille dans l'eau, je brûle dans le soleil et la lune et les étoiles. Mienne est cette force mystérieuse du vent invisible. Je soutiens le souffle de tout ce qui vit. Je respire dans la verdure et dans les fleurs et quand les eaux jaillissent comme des choses vivantes, c'est moi. [...] J'imprègne toutes choses afin qu'elles ne meurent pas. Je suis la vie*[30]. »

Ce texte magnifique rappelle un passage de la *Baghavad-Gitâ* dans lequel Krishna dit :

> *« Je suis la saveur de l'eau, le rayonnement de la lune et du soleil, le parfum de la terre, la brillance du feu, la vie dans tous les êtres*[31]*. »*

François d'Assise (1182-1226) voit Dieu dans toute la Création, les fleurs, les animaux, les astres. Pour lui, la nature est belle et bonne, il y a continuité et unité entre l'esprit et la matière. Sa prédication aux oiseaux, son affection pour les agneaux et son hymne au soleil témoignent d'une conception globale et unitaire de la Création, qui exprime dans sa totalité la présence de Dieu. Dans son cantique au frère Soleil, il dit notamment : « Loué sois-tu, mon Seigneur, pour notre sœur la terre, notre mère qui nous porte et qui nous nourrit… » Cette terre comprise comme un organisme qui engendre et nourrit est une vision reprise au XXe siècle dans l'hypothèse Gaïa par James Lovelock et Lynn Margulis.

Au XIIIe siècle, Thomas d'Aquin (1225-1274) est davantage préoccupé par l'homme, la transcendance, la supériorité de l'homme que par la nature biologique. Pourtant, en expliquant comment Dieu, être unique et total, peut produire la diversité de la nature, il donne une leçon d'écologie, une vision écosystémique de la biosphère :

> *« Aussi faut-il dire que la distinction entre les choses ainsi que leur multiplicité proviennent de l'intention du premier agent, qui est Dieu. En effet Dieu produit les choses dans l'être pour communiquer sa bonté aux créatures, bonté qu'elles doivent représenter. Et parce qu'une seule créature ne saurait suffire à la représenter comme il convient, il a produit des créatures multiples et diverses, afin que ce qui manque à l'une pour représenter la bonté divine soit suppléé par une autre. Ainsi la bonté qui est en Dieu sous le mode de la simplicité et de l'uniformité est-elle sous le mode de la multiplicité et de la division dans les*

créatures. Par conséquent l'Univers entier participe de la bonté divine et la représente plus parfaitement que n'importe quelle créature quelle qu'elle soit[32]. »

Cet argument alambiqué constitue la reconnaissance de l'unicité de la nature et de sa grande valeur comme ensemble et dans chacune de ses parties. Par ailleurs, le même Thomas d'Aquin essaie de prouver l'existence de Dieu par la raison : Dieu existe puisque la raison humaine est capable de concevoir son existence. Par cet argument, Thomas d'Aquin ouvre la porte à la primauté de la raison sur la nature, concept qui a alimenté la philosophie rationaliste jusqu'au positivisme athée d'Auguste Comte au XIXe siècle.

La rigidité théologique et la corruption au sein de l'Église romaine ont favorisé le déclenchement de la Réforme. Il faut rappeler que Luther était prêtre, et qu'il n'avait aucune intention de créer une nouvelle Église, mais son plaidoyer contre les indulgences n'a pas été entendu par l'Église romaine. La Réforme est un processus complexe, avec une grande palette de variations spirituelles quant à la position de l'homme et de la Création, mais elle place principalement l'homme en relation directe avec Dieu : rien que Dieu, rien que la grâce. Elle favorise la conscience et l'initiative personnelles et laisse le terrain libre au développement de la science. Les réformateurs retournent au texte original de la Bible. Ils éliminent toutes les fioritures de la religion catholique romaine et concentrent leur culte sur un rapport direct entre Dieu et les hommes. Ils considèrent l'homme comme le lieutenant de Dieu sur terre, chargé de soigner, de gérer et éventuellement de parfaire la création. Jean Calvin écrit avec un humour plutôt rare chez lui que dans ce rôle, l'homme aurait aussi dû nourrir les animaux sauvages. Heureusement, Dieu a donné aux animaux sauvages la possibilité de le faire eux-mêmes, libérant ainsi l'homme de cette lourde tâche. Chez les Réformateurs, la nature passe au second plan mais ils ne la considèrent pas moins avec admiration comme l'œuvre de Dieu et même, comme Calvin, comme une mise en évidence des choses invisibles.

> *« C'est pour cela que l'auteur de l'épître aux Hébreux définit le monde comme une démonstration, le spectacle des choses invisibles : d'autant plus que la construction du monde, si bien préparé et ordonné nous sert de miroir pour contempler Dieu, qui sinon est invisible*[33]. »

Au XVIIe siècle, la condamnation de Galilée par le Saint-Office du pape Urbain VIII a provoqué une rupture dramatique. En refusant d'intégrer l'évidence scientifique dans la lecture du message divin, l'Église romaine s'est réfugiée dans la scholastique dogmatique fondée sur les vues d'Aristote, laissant ainsi le champ libre à un développement scientifique agnostique qui, à travers la Renaissance et les Lumières, aboutira au matérialisme positiviste du XIXe siècle. Au procès de Galilée, l'Église a brisé la balance entre le matériel et le spirituel qu'elle avait soigneusement ménagée pendant quinze siècles. En se retirant volontairement du terrain scientifique, l'Église laissait la place libre pour une pensée rationaliste découplée de la spiritualité, et qui finira par la rejeter. Contrairement à Lynn White Jr. qui fait porter au christianisme la responsabilité de notre crise écologique[34], je pense que c'est la déchristianisation du cosmos qui a ouvert à l'Occident la conquête débridée de la nature, cause de la crise écologique actuelle.

Les bouleversements écologiques du XXe siècle ont secoué la pensée religieuse. De nombreux théologiens, philosophes et groupements religieux ont fait appel à la responsabilité de l'humanité envers la création. En 1986, le WWF (World Wide Fund for Nature) a organisé à Assise une première rencontre internationale et interreligieuse sur le thème du respect de la Création, rassemblant des dignitaires de l'hindouisme, du bouddhisme, du judaïsme, du christianisme et de l'islam. Cet événement a été suivi de nombreuses initiatives et de la création d'organisations, comme le partenariat interreligieux pour l'environnement par le Programme des Nations Unies pour l'environnement, et la Communauté Église et environnement (Oeku)[35], en Suisse, par le pasteur Lukas Vischer, puis la commission « Sauvegarde et gérance de la Création » de Pax Christi en 1989 par Jean-Pierre Ribaut, ou encore la plateforme interreligieuse créée à Genève en 1992 et qui a consacré la saison 2008-2009 au thème « Écologie et spiritualité ». Ces mouvements et beaucoup d'autres ont ouvert une porte à la pensée écologique dans les divers courants religieux. Ils traitent en général de la responsabilité de l'homme comme gardien de la Création. Rares sont ceux qui abordent la question du caractère sacré de la nature, de la présence de Dieu dans la nature et du message qu'il nous transmet par elle.

L'islam

La révélation du Coran constitue le fondement de la théologie, de la philosophie, de la morale et du droit islamiques. En ce qui concerne la relation de l'homme avec la nature, le Coran contient trois notions essentielles. La première est que Dieu est l'auteur de toute la création, et qu'il se retrouve en chacun de ses éléments. Selon l'islam, l'existence de la nature et ses lois dépendent à chaque instant de la volonté de Dieu. La deuxième est que toute la Création forme un tissu interconnecté et équilibré, y compris l'homme. La troisième est que l'homme a un rôle particulier de gardien de la Création et de son harmonie. Ces trois principes constituent le fondement d'un respect pour tous les constituants de la nature et d'un rapport harmonieux entre l'homme et la nature. La vision islamiste est certes anthropocentrique, puisque le Coran dit des fils d'Adam *« Nous les avons nettement préférés à plusieurs de nos Créatures » (Coran 17:70)*, mais toute la nature reflète l'existence, la grandeur et la bonté de Dieu et chaque être a une valeur en soi : *« Il n'y a aucune chose qui ne Lui rende grâce, mais vous ne comprenez pas leur prière » (Coran 17:44)* ou plus loin :

« Notre Seigneur est celui qui a donné à chaque chose sa forme et sa nature, puis lui a dicté sa conduite » (Coran 20:50), ou encore *« Quant à la terre, Il l'a étendue pour tous les êtres vivants » (Coran 55:9).*

Les hadiths contiennent aussi des messages de comportement écologique. Ils condamnent par exemple le gaspillage de l'eau, même pour son usage religieux de la purification avant la prière :

> *« Le Messager de Dieu est apparu alors que Sa'ad procédait à ses ablutions. Lorsqu'il vit que Sa'ad utilisait beaucoup d'eau il intervint et dit :*
> *Qu'est-ce que c'est ? Tu gaspilles l'eau.*
> *Sa'ad répliqua en demandant : Est-ce qu'il peut y avoir du gaspillage lorsqu'il s'agit de procéder à ses ablutions ? Ce à quoi le Messager de Dieu répondit : Oui, même si tu les pratiques au bord d'une rivière[36]. »*

Malheureusement, la société industrielle a aussi envahi le monde islamique, d'autant plus rapidement que l'argent du pétrole coule à flots. Tout en ayant conservé les rites et certaines valeurs de l'islam, les populations aisées se sont précipitées dans la société de consommation, de gaspillage, contribuant à exercer une pression destructrice sur la nature. Par ailleurs, les conditions de vie souvent précaires d'autres populations islamiques et leur démographie galopante ont contribué à rompre leur équilibre millénaire avec la nature. La pollution des eaux, le défrichement des forêts et la concentration de populations dans des agglomérations misérables ne font qu'empirer année après année. Ces deux extrêmes de richesse et de pauvreté contribuent à la perte du beau message d'harmonie contenu dans les écrits de l'islam.

Ce tour des livres saints montre une grande variété de cosmologies, de positionnements de l'homme dans la création et de relations entre humanité et nature. Tous ces courants contiennent des morales de respect de la nature, par conviction spirituelle, pour ceux qui sont convaincus d'une présence du souffle divin, de l'âme, dans tous les êtres vivants, par respect de tous les êtres vivants, créatures de Dieu, ou par la sagesse d'un comportement sobre, voire ascétique. Ils n'ont malheureusement pas résisté aux assauts de l'idéologie matérialiste consumériste, à la montée de l'égoïsme et de l'arrogance et à la perte de contrôle sur la démographie, qui ont conduit à des comportements collectifs très dommageables pour la nature.

Le développement fulgurant des sciences : la nature objet

Comme nous l'avons dit plus haut, le procès de Galilée a introduit une première rupture dans la vision cosmologique de l'Église romaine. Avec sa lunette hollandaise, Galilée a fait une nouvelle lecture du cosmos, dans la lignée de Copernic et de Tycho Brahe. L'Église s'était tant évertuée à expliquer la relation entre l'homme et Dieu par la cosmologie géocentrique aristotélicienne qu'elle n'a pas osé faire le pas. Il ne s'agit pas alors d'un conflit entre science et religion, mais entre science et Église. Galilée n'a jamais renié l'existence de Dieu. Il écrivait à Christine de Lorraine : *« La Bible ne dit pas comment va le ciel, mais comment aller au ciel. »* L'Église s'est ainsi volontairement marginalisée d'une formidable évolution scientifique qui a fini par la rejeter, puis par marginaliser avec elle toute forme de spiritualité. Aux XVIe et XVIIe siècles, on assiste à l'éveil de la conscience personnelle, de la raison, de l'observation et de l'expérience scientifiques contre le dogmatisme et la domination de l'Église. Il se produit alors une véritable libération de la pensée humaine. Francis Bacon (1561-1626) développe l'esprit scientifique et la méthode expérimentale. Il croit en un monde en constant progrès grâce au développement de la science et de la technique au service de l'homme. De nombreux auteurs attribuent à Bacon une phrase qui invite les humains à faire la paix entre eux afin que les scientifiques concentrent leurs forces et que la technique serve à « *dompter la Nature et tous ses enfants, à l'attacher à votre service et à en faire votre esclave*[37] ». J'avais un doute sur la véracité de cette citation, et j'ai recherché cette phrase dans les milliers de pages de son œuvre – je n'ai rien trouvé. J'ai au contraire trouvé chez Bacon un esprit sensible et respectueux de la force et de l'autonomie de la nature, sachant bien que l'homme lui-même est inclus dans les lois de la nature, « *car la nature ne peut être conquise qu'en lui obéissant*[38] ». Francis Bacon défend la recherche publique, car il considère comme immoral de tirer un profit économique de la recherche. Il est l'un des pères de l'esprit scientifique, doublé d'un croyant doté d'une profonde moralité, partisan de l'utilisation mesurée et du respect de la nature, sensible à la situation des plus démunis et fermement opposé au déplacement des populations dans les territoires nouvellement explorés, et à leur exploitation comme esclaves. Il évoque dans l'un de ses ouvrages[39] le risque du viol de Minerve (la sagesse, la nature) par Vulcain (les arts mécaniques).

Il faut réhabiliter Francis Bacon, qui a joué un rôle essentiel dans le développement des sciences expérimentales, mais n'a en rien été le conquérant dominateur et immoral de la nature que beaucoup ont décrit par erreur, sans vérifier les textes originaux.

Une famille de penseurs a développé la vision matérialiste et mécaniste de la nature. Thomas Hobbes (1588-1679) réduit les phénomènes naturels à une mécanique artificielle entièrement calculable. Cette mutation permet une approche rationnelle et scientifique de la réalité, mais elle exclut la présence dans la nature d'une réalité qui échappe à nos méthodes scientifiques et elle rejette les questions métaphysiques de l'origine, de l'être, du sens et des fins dans un autre monde. René Descartes (1596-1650) distingue la pensée et l'étendue, l'esprit et la matière, reprenant la vision dualiste déjà présente chez Platon. Pour Descartes, Dieu crée séparément le corps et l'esprit. Dans la cinquième partie du *Discours de la*

Il faut réhabiliter Francis Bacon.

méthode, il affirme que l'âme humaine est totalement indépendante du corps et immortelle, alors que les animaux en sont dépourvus. Il les compare à des automates, ou même à une horloge[40]. Cette philosophie matérialiste et mécaniste va livrer la nature à l'arrogance et à l'appétit démesuré du monde industriel, du XIXe au XXIe siècle.

Déjà au XVIIe siècle, Benoît Spinoza (1632-1677) oppose le monisme au dualisme de Descartes : il n'y a qu'une substance. *« Il n'existe dans l'entendement de Dieu aucune substance qui ne soit formellement dans la nature[41]. »* Tout être, toute matière est esprit et matière, et Dieu se retrouve en toutes choses, raison pour laquelle il appelle indifféremment Dieu et la nature, vision résumée dans son expression *« Deus, sive natura »*, Dieu c'est-à-dire la nature[42]. Spinoza opère une intégration anthropocosmique.

Issu d'une famille juive portugaise, **Benoît (Baruch) Spinoza** est né à Amsterdam en 1632. Il se montre critique vis-à-vis de la religion et s'engage pour l'opposition politique menée par Jan de Witt contre la dictature orangiste. Ses positions lui valent des ennuis et il est condamné pour hérésie par la communauté juive d'Amsterdam. Pour garder son indépendance, il refuse une chaire à l'université de Heidelberg et gagne sa vie en polissant des lentilles de verre, tout en consacrant l'essentiel de son temps à la recherche philosophique. Inspiré par Descartes pour l'importance de la raison, il dépasse le dualisme cartésien : pour Spinoza, l'homme n'est pas une union du corps et de l'âme, mais une partie d'un Univers homogène dans lequel matière et esprit, nature et Dieu ne font qu'un. Il meurt à La Haye en 1677.

DR

Les sciences font d'énormes progrès au XVIIIe siècle, en particulier avec Isaac Newton (1643-1727) qui développe les théorèmes de la physique mécanique et permet ainsi d'expliquer le mouvement des planètes autour du soleil et bien d'autres phénomènes liés à l'attraction des masses. Les découvertes de Newton marquent profondément la pensée des philosophes. Il ne rejette pas l'idée d'une présence divine, qu'il pense nécessaire pour que fonctionnent les lois de la nature qu'il décrit si bien. Georges-Louis Leclerc, comte de Buffon (1707-1788), s'intéresse à la paléontologie et développe l'esprit scientifique dans le domaine de la biologie. Buffon donne à l'homme une position supérieure dans l'échelle des êtres vivants et, comme Descartes, il considère les animaux comme de simples mécaniques dénuées d'âme : pour lui la frontière entre la matière et l'esprit passe par l'homme. Toutefois, par son intérêt encyclopédique et systématique pour la diversité des formes de la vie, il donne à l'ensemble de la nature une importance considérable. Le scientifique se double d'un industriel qui perfectionne la méthode de fonte du fer aux forges de Buffon, près de Montbard (Côte-d'Or).

Réaction contre la domination d'une pensée encore largement dirigée par l'Église, les Lumières sortent l'homme de *« son état de minorité, dirigé par un autre*[43] *»*. Cette prise de conscience de la valeur de chaque individu, stimulée par l'immense espace de découverte créé par le progrès scientifique, ouvre un champ libre à la conquête prométhéenne de la nature par l'humanité.

Les Lumières ont donné un élan formidable à la liberté individuelle, à la curiosité scientifique et au développement des techniques.

Les Lumières ont donné un élan formidable à la liberté individuelle, à la curiosité scientifique et au développement des techniques. *L'Encyclopédie ou Dictionnaire raisonné des sciences, des arts et des métiers* (1751-1772), éditée sous la direction de Diderot et d'Alembert, fait la synthèse des connaissances scientifiques de l'époque, à la gloire de l'esprit humain, libéré du joug des préjugés et de l'autorité de l'Église. Certains de ses auteurs développent une pensée matérialiste athée, comme Paul Henri Thiry d'Holbach dans *Le système de la nature* (1770), une vision mécaniste de la nature, comme La Mettrie (1709-1751) ou déterministe comme Helvetius (1715-1771) qui, le premier, affirme que l'intelligence est purement organique. Pour Condillac (1715-1780), les opérations de l'esprit s'expliquent par des sensations associées et transformées. Ce débat offre la première possibilité de l'Histoire de faire une distinction entre la raison ou l'intelligence d'une part, produit de l'évolution biologique, et l'esprit d'autre part, réalité spirituelle qui n'est pas accessible à l'observation scientifique. La Mettrie et Diderot (1713-1784) nient l'existence de l'âme. Attaquée par les Jésuites, l'*Encyclopédie* est condamnée par le pape Clément VII en 1759. L'*Encyclopédie* exprime une doctrine du progrès, mais pas de la croissance, par le développement des sciences, la tolérance et une éthique naturelle. Une contribution importante de l'*Encyclopédie* est d'avoir mis en valeur les techniques, qui passent du petit peuple des artisans à l'élite intellectuelle, à l'exemple des forges de Buffon à Montbard. En plaçant l'artisanat et l'industrie naissante au même niveau que la science et la philosophie, l'*Encyclopédie* a joué un rôle clé dans le développement industriel et dans la place dominante qu'il a prise dans les sociétés des XIXe, XXe et XXIe siècles. Il n'y a en soi rien de dommageable pour la nature dans l'approche scientifique expérimentale. Le problème vient de ce que les découvertes scientifiques ont pu donner l'impression que l'homme est capable de tout. L'approche holistique de la nature est remplacée par une approche analytique, mécaniste, utilitariste, qui perd de vue qu'au-delà de ce que nous voyons et de ce qui peut être soumis à l'expérience, il y a une réalité qui nous dépasse, qui contient les origines et les fins de cette aventure cosmique. Dès lors, la nature est désacralisée et livrée à l'arrogance humaine et aux appétits matérialistes les plus égoïstes.

Emmanuel Kant (1724-1804) introduit une distinction entre les phénomènes, domaine de la connaissance scientifique et les noumènes, domaine des idées, de Dieu, inaccessible à la connaissance. Tout en reconnaissant que chaque objet est composé de matière accessible à nos sens et d'idée inaccessible, régulatrice mais non constitutive, Kant opère une séparation claire entre les deux, reconnaissant un espace infini à la science mais aussi un monde au-delà, qui imprègne le monde concret mais inaccessible à la curiosité scientifique. Il contribue à renforcer l'indépendance de la science et sa délivrance de toute considération métaphysique.

Une nature sans âme destinée à assouvir l'avidité humaine dans un contexte de croissance et de compétition sans limite, sans morale, voici les ingrédients d'une civilisation qui s'est mise à exploiter les ressources naturelles sans se préoccuper de leur durée, de leur renouvelabilité et encore moins de la valeur propre des êtres qui la composent.

Positivisme, matérialisme, consumérisme : la nature poubelle

Les utilitaristes anglais et les fondateurs de l'économie politique et du libéralisme économique comme David Ricardo (1722-1823), Adam Smith (1723-1790), Jeremy Bentham (1748-1832), Thomas Malthus (1766-1834) et John Stuart Mill (1806-1873) ont donné un cadre théorique à l'expansion économique industrielle et commerciale. Beaucoup d'entre eux gardaient un œil critique sur leur propre système. Adam Smith a énoncé le concept de la main invisible, selon lequel l'addition des intérêts individuels contribue à l'intérêt général. Il a notamment écrit : « *Ce n'est pas de la bienveillance du boucher, du marchand de bière ou du boulanger que nous attendons notre dîner, mais bien du soin qu'ils apportent à leurs intérêts*[44]. » Comme le relève le prix Nobel d'économie Amartya Sen[45], cette phrase souvent citée n'exprime qu'un aspect de la pensée complexe d'Adam Smith, qui est un apôtre de la maîtrise de soi, de la retenue, de la prudence, de la sympathie et de la justice : *« L'humanité, la justice, la générosité et l'esprit public sont les qualités les plus utiles à autrui*[46] *.* » Il considère que le marché libre ne peut fonctionner correctement sans la vertu et sans des règles générales de conduite qui *« sont d'un grand usage pour corriger les représentations erronées de l'amour-propre*[47] ». Thomas Malthus a attiré l'attention sur les risques d'une croissance démographique qui pourrait épuiser les ressources disponibles. Quant à John Stuart Mill, il affiche un attachement à la nature et, ce qui est rare chez les penseurs, à la nature sauvage : *«Il n'y a pas grand plaisir à considérer un monde où il ne resterait rien de livré à l'activité spontanée de la nature; où toute parcelle de terre propre à produire des aliments pour l'homme serait mise en culture; où tout désert fleuri, toute prairie naturelle seraient labourés; où tous les quadrupèdes et tous les oiseaux qui ne seraient pas apprivoisés pour l'usage de l'homme seraient exterminés comme des concurrents qui viennent lui disputer la nourriture; où toute haie, tout arbre inutile serait déraciné; où il resterait à peine une place où pût venir un buisson ou une fleur sauvage, sans qu'on vint aussitôt les arracher au nom des progrès de l'agriculture*[48]*.* »

Peu à peu, la pensée a négligé la nature et développé une philosophie anthropocentrique, rationaliste, mécaniste qui nous a rendus suffisants, arrogants, baignant dans l'illusion que nous sommes les seuls maîtres du monde.

Auguste Comte (1798-1857) définit trois âges de l'humanité : l'état théologique, l'état métaphysique et l'état positif, qui naît avec le XIXe siècle. Pour Auguste Comte et ses émules, le monde réel accessible à l'homme est mécanique et seule la science permet d'appréhender la réalité. Le positivisme devient une religion de la science et de l'humain qui renonce à tout questionnement sur les origines et les fins de l'Univers. Cette vision, combinée à l'anticléricalisme de Ludwig Feuerbach (1804-1872) et à la dialectique de Georg Friedrich Hegel (1770-1831), constitue un fondement de la philosophie de Karl Marx (1818-1883), le matérialisme historique, qui interprète l'histoire comme la transformation de la nature par l'homme. Marx évacue l'esprit et rejette l'idée de la nature en tant qu'œuvre divine. La nature devient l'objet de la créativité de l'homme qui remplace Dieu. Cette doctrine de la domination par l'homme de la nature expurgée de toute spiritualité domine encore le monde politique et scientifique du xxe siècle et du début du xxie. Le biologiste moléculaire Jacques Monod, qui écrit *« l'ancienne alliance est rompue ; l'homme sait enfin qu'il est seul dans l'immensité indifférente de l'Univers, d'où il a émergé par hasard*[49] » est un successeur direct de ce scientisme étroit que l'on retrouve dans la campagne menée par un groupe de scientifiques pour dénigrer les efforts de la Commission suisse d'éthique dans le domaine du génie génétique non humain qui, répondant à la question constitutionnelle de la dignité de la créature, s'est posé la question de la dignité des plantes dans une étude remarquable[50]. Rien que le fait de se poser la question de la valeur intrinsèque d'un être vivant non humain a profondément irrité une partie du monde scientifique, qui prouve par là son matérialisme étroit, tout droit hérité de Descartes et d'Auguste Comte. C'est la même doctrine qui a inspiré l'alliance diabolique entre science et industrie dans les domaines de l'énergie nucléaire, des produits chimiques, de l'amiante et des organismes génétiquement modifiés. Cette doctrine a tellement marqué le monde industriel du xxe siècle qu'aujourd'hui, on ne tente de répondre aux grandes questions de la vie et de la société que par la science et la technologie.

...baignant dans l'illusion que nous sommes les seuls maîtres du monde.

Romantisme et transcendantalisme

Le XIXe siècle a vu émerger un autre courant aux tendances diamétralement opposées, le romantisme naturaliste, qui trouve déjà son origine dans l'œuvre de Jean-Jacques Rousseau (1712-1778), lequel fait œuvre originale dans le contexte du XVIIIe siècle.

DR

Né à Genève en 1712, **Jean-Jacques Rousseau** a été tiraillé toute sa vie entre la reconnaissance par les uns (les Lumières) et le rejet par les autres (Voltaire) de sa pensée très originale. Il écrit des articles pour l'*Encyclopédie.* Il se réfère à la nature et à l'homme premier pour définir une vérité originelle que la société pervertit. Il est un pionnier de la sociologie, avec *Du Contrat social*, et des sciences de l'éducation, avec *L'Émile*, deux ouvrages révolutionnaires condamnés par le Parlement de Paris. Il conduit une vaste introspection dans *Les Confessions.* La nature est non seulement sa référence philosophique, mais aussi le havre dans lequel il trouve la paix intérieure (la cinquième promenade des *Rêveries du promeneur solitaire*). Il meurt à Ermenonville en 1778.

Ses travaux sur l'origine du mal et de la corruption de la société à partir d'un homme naturel vertueux, sur le système politique, sur l'éducation, alimentent l'esprit critique des intellectuels des Lumières. Par ailleurs, Jean-Jacques Rousseau montre une extrême sensibilité à la beauté de la nature et vit une véritable mystique naturelle, annonçant les romantiques du XIXe siècle.

> *« Le tableau de la nature ne m'offrait qu'harmonie et proportions, celui du genre humain que confusion, désordre*[51]*. »*

Au XIXe siècle, le développement de la société industrielle, le rationalisme et l'esprit scientifique qui avaient libéré la société de la rigidité dogmatique de la scholastique du Moyen Âge ont favorisé une civilisation froidement mécaniste, rationaliste et utilitariste qui a provoqué une réaction romantique et transcendantaliste.

> *« Le monde doit être romantisé. Ainsi on retrouvera le sens originel. [...] Quand je donne aux choses communes un sens auguste, aux réalités habituelles un sens mystérieux, à ce qui est connu la dignité de l'inconnu, au fini un air, un reflet, un éclat d'infini : je les romantise. » (*Novalis[52])

Le romantisme a remis en valeur les expériences personnelles, les sensations et les sentiments. La nature redevient source d'inspiration et d'émotions pour de nombreux poètes, musiciens et peintres. L'enthousiasme pour les forces et les beautés sauvages de la nature crée le tourisme dans les Alpes. Combien de grands hôtels alpins datent du XIXe siècle ! Si vous voulez revivre les émotions qu'ont connues les romantiques du XIXe siècle, rendez-vous au Grand Hôtel Giessbach, à Brienz, magnifiquement restauré par Franz Weber et Helvetia Nostra. Évitez la route et allez à Giessbach en prenant le train et le bateau. Vous accéderez à l'hôtel par le funiculaire inauguré en 1879. Au bord de la cascade du Giessbach, vous pourrez vous ressourcer et vous mettre en communication avec la nature et l'éternel romantique à travers les âges. Lors de son voyage en Italie, Johann Wolfgang Goethe (1749-1832) décrit des paysages magnifiques, que nous sommes bien en peine de retrouver aujourd'hui. De nombreux peintres de la nature rencontrent un grand succès, comme Alexandre Calame ou Ferdinand Hodler à Genève, Claude Monet et les impressionnistes en France ou Thomas Moran aux États-Unis, qui a reçu le mandat de peindre et de dessiner les plus beaux paysages pour convaincre le Congrès de créer les parcs nationaux qui font aujourd'hui la fierté du pays.

Le transcendantalisme illustré par les Écossais Thomas Carlyle et Henry Drummond, et les Américains Margaret Fuller, Ralph Waldo Emerson et Henry David Thoreau affirme une continuité entre le spirituel et le matériel. Inspirés par les écrits de l'hindouisme et du bouddhisme, les transcendantalistes recherchent la vérité spirituelle au-delà des apparences matérielles. Pour les transcendantalistes, l'enfant voit cette vérité, l'adulte perd cette faculté, ce qui les rapproche des thèses de Rousseau sur le bon sauvage et sur l'éducation.

> *« Dans les bois l'homme se défait de ses années comme le serpent de sa peau et, à quelque période de sa vie qu'il soit arrivé, il est toujours comme un enfant. [...] Dans les bois nous retournons à la raison et à la foi... Je deviens une prunelle transparente; je ne suis rien; je vois tout; les courants de l'Être universel circulent en moi; je suis une part ou une particule de Dieu. »* (Emerson[53])

Dans son ouvrage *Les lois de la nature dans le monde spirituel*, Henry Drummond (1851-1897)[54] plaide pour une identité entre les lois de la nature et les lois spirituelles. Son ouvrage constitue une attaque en règle contre l'hégémonie scientifique du positivisme. Pour Drummond, les lois naturelles ne sont pas les reflets ou les images des lois spirituelles, les deux lois sont les mêmes. Il cite dans son ouvrage Emanuel Swedenborg (1688-1772) qui écrit dans *Animal Kingdom* : *« On pourrait jurer que le monde physique est purement le symbole du monde spirituel »*, et Thomas Carlyle (1795-1881) qui écrit dans *Sartor Resartus* (« le tailleur retaillé ») : *« Toutes les choses visibles sont des emblèmes. Ce que tu vois n'est pas là pour soi-même; à parler strictement, cela n'est même pas. La matière n'existe que spirituellement pour représenter quelque idée et lui donner un corps.* » Mais je ne trouve pas chez Drummond une lecture naturaliste de la nature. Toute son analyse est orientée vers la justification du christianisme.

C'est autour du pasteur unitariste Ralph Waldo Emerson (1803-1882) que s'est développé le noyau du mouvement transcendantaliste à Concord, près de Cambridge (Massachusetts) dès 1836. Henry David Thoreau (1817-1862), élève et protégé d'Emerson, développe plus que tout autre une relation de fusion avec la nature sauvage. Dans son livre *Walden*, il a décrit ses deux ans de vie dans une modeste cabane au bord de l'étang de Walden : un hymne à la nature, à l'indépendance, au bonheur simple. J'ai retenu dans son journal un passage qui illustre particulièrement bien l'intensité de son rapport à la nature :

> « *Ne serait-ce pas délicieux de rester plongé jusqu'au cou dans un marais solitaire pendant tout un jour d'été, embaumé par les fleurs du myrica et de l'airelle, bercé par ces ménestrels que sont le moucheron et le moustique ? Disons douze heures de conversation familière avec la grenouille tachetée*[55] *?* »

Henri David Thoreau est né à Concord près de Boston en 1817. Enseignant pendant deux ans, il devient le secrétaire de Ralph Waldo Emerson, puis développe la fabrique de crayons familiale. Critique contre la guerre et l'esclavage, il prône la désobéissance civile. Il a vécu dans une simplicité d'ermite pendant deux ans au bord de l'étang de Walden, dans une cabane qu'il a construite lui-même. Transcendantaliste dans la lignée d'Emerson, il a développé une complicité extrême avec la nature. Il est mort à Concord en 1862.

DR

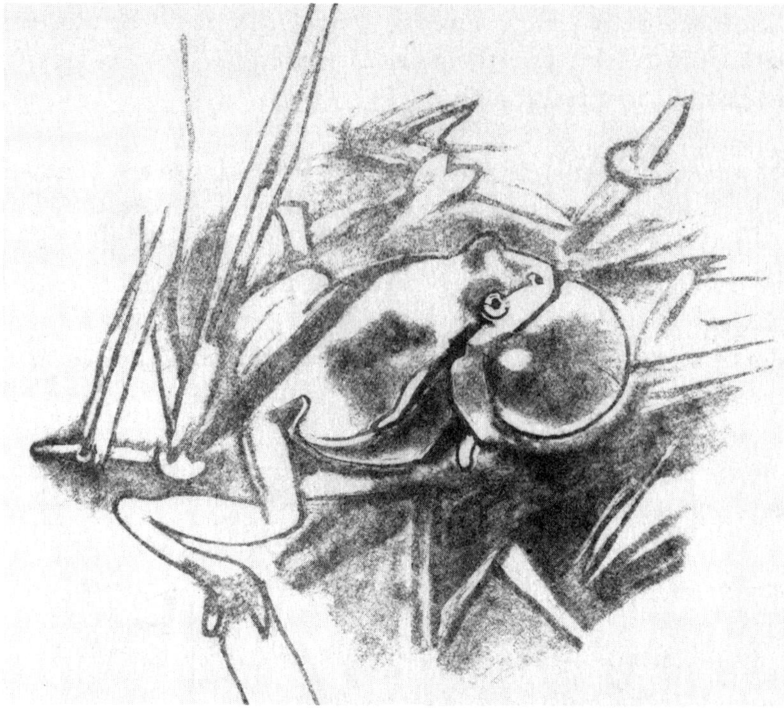

Robert Hainard, Reinette chantant. *La Petite Grave (Cartigny, Genève), 19.4.1952. Fini d'imprimer 7.7.1975 (© Fondation Hainard).*

Je me sens très proche des transcendantalistes par leur conviction qu'il existe une réalité au-delà de ce que nous sommes capables de percevoir avec nos sens et notre raison, par l'importance qu'ils accordent à la nature, porteuse d'un message spirituel et pour l'expérience qu'ils ont menée d'une ferme communautaire, Brook Farm, où les intellectuels travaillaient de leurs mains tout en continuant d'écrire. J'ai eu un projet ambitieux de ferme de ce type, que j'ai finalement réalisé à petite échelle dans mon ermitage de Pirassay à Russin, avec ses poules, ses moutons, son jardin potager, ses arbres et son grenier philosophique, en limite du site sauvage de l'Allondon.

La matière et l'esprit

Pour quelle raison l'esprit moderne opère-t-il une distinction nette entre rationalisme et sentimentalité, et attribue-t-il au raisonnement logique une valeur bien supérieure à celle des sentiments? Pourtant l'essentiel de nos vies est conduit par des sentiments, le raisonnement logique n'étant qu'un instrument à disposition pour organiser leur mise en œuvre.

Par une fausse pudeur, notre rapport direct, sensible, principal avec la nature a été marginalisé, occulté, réservé aux enfants, aux doux rêveurs, aux amoureux des petites fleurs. Robert Hainard apporte sa réponse : *« L'intelligence, c'est une conciliation de la raison avec les sens, l'expérience*[56]*. »*

Par une fausse pudeur, notre rapport direct, sensible, principal avec la nature a été marginalisé.

Robert Hainard (Genève 1906-1999). Graveur, sculpteur, naturaliste et philosophe, il a développé un art original d'estampes qui allient l'exactitude d'une observation rigoureuse et l'atmosphère dans laquelle elle a été faite. Auteur de l'ouvrage naturaliste *Les mammifères sauvages d'Europe*, réédité à de nombreuses reprises, il a développé une pensée originale, une philosophie qui fait de lui un père de l'écologie. Il s'est aussi engagé activement pour la protection de la nature à Genève, en Suisse et dans toute l'Europe.

Robert Hainard pense que les déséquilibres de notre société viennent d'une domination de la raison sur la matière. *« Ce que nous payons, c'est la prétention de la raison, simple instrument d'action mécanique, à rendre compte du monde entier*[57]*.* » Il reproche aux philosophes de se détacher de la matière pour faire de nous des « idiots raisonneurs ». *« Je demande à Kant : où est ta matière*[58] *?* » Pour Hainard, la vie est tension entre l'ouvrier et le mystique qui sont en nous, entre la pensée et la matière, et il faut porter en soi l'équilibre. Il réclame *« un monde qui nous résiste, nous limite mais nous répond et nous soutient, nous nourrit et nous féconde*[59] ». Il recourt, pour illustrer ce concept, à son expérience de sculpteur :

> *« Le sculpteur appuie sa paume sur le bois. Une des mains du sculpteur pousse, l'autre retient, afin que la résistance inégale de la matière compte peu dans la balance des forces et que, si elle cède, l'élan de sa main ne l'emporte pas trop loin… il faut porter en soi l'équilibre puissant des forces contraires… afin que l'action et la pensée aient, comme la main de l'artisan, la fermeté*[60]*.* »

Robert Hainard plaide pour la plénitude du moment présent. *« Tous les biens que nous attendons d'autres mondes sont dans l'acceptation et l'amour de celui-ci*[61]*.* » Lui qui se dit agnostique pressent toutefois une réalité spirituelle. « … *Ne sentons-nous pas qu'il est en nous un être qui n'est pas lié au plan de l'actualité, un être contemplatif et serein, indépendant de la fuite du temps, un être dont l'action nous distrait sans cesse mais qui affleure souvent à la surface de notre vie consciente*[62] *?* »

La raison est encore matière, complexe, cybernétique, mais elle n'est pas l'esprit. Je suis d'accord sur ce point avec Helvetius et Condillac : la raison est le simple produit d'un cerveau, déterminé par sa constitution génétique, l'éducation et les influences extérieures qu'il a reçues. Tant Platon dans le mythe de la caverne, qu'Emmanuel Kant dans sa *Critique de la raison pure* ont décrit une raison qui n'a accès qu'aux phénomènes que nos sens peuvent percevoir, et non pas directement à la réalité qui nous dépasse, le noumène de Kant, domaine de l'esprit. Pierre Teilhard de Chardin (1881-1955) noue un lien très fort entre l'esprit et la matière. Pour lui, matière et esprit ne sont pas deux choses mais deux états, deux faces d'une même étoffe cosmique, rappelant le *Deus sive natura* de Spinoza. Dans *Le cœur et la matière*, il chante un hymne à la matière, « point d'appui qui permet de monter plus haut » :

> « *Sans toi, Matière, sans tes attaques, sans tes arrachements, nous vivrions inertes, stagnants, puérils, ignorants de nous-mêmes et de Dieu. Toi qui meurtris et toi qui panses – toi qui résistes, toi qui plies, toi qui bouleverses et toi qui construis – toi qui enchaînes et toi qui libères – Sève de nos âmes, Main de Dieu, Chair du Christ, Matière, je te bénis*[63]. »

Teilhard de Chardin développe le concept de diaphanie, selon lequel Dieu apparaît à travers la matière : l'Univers est le corps du Christ incarné.

Pierre Teilhard de Chardin, né à Orcines, près de Clermont-Ferrand en 1881. Paléontologiste et géologue, il a enseigné en Égypte avant de devenir prêtre jésuite en 1911 à l'âge de 30 ans. Il a collaboré avec le Muséum d'histoire naturelle de Paris et effectué des recherches sur les hommes préhistoriques, en particulier en Chine avec l'abbé Henri Breuil. Inspiré par Henri Bergson, il a développé une théologie de la création et de l'évolution qui l'a mis en difficulté avec l'Église catholique. Il est décédé en 1955 à New York.

Étant nous-mêmes le sujet de la pensée, il nous est impossible de distinguer clairement entre ce qui en nous vient de notre nature humaine physique et biologique et ce qui pourrait venir de l'esprit. Et même dans le cas où cette distinction serait possible, ne venons-nous pas de toute façon, pour l'entier de notre être, d'une force créatrice qui nous dépasse et qui peut agir à travers la nature et par d'autres voies qui nous sont inaccessibles ?

L'esprit imprègne la matière et la matière est en relation avec l'esprit par cette force qui est l'amour.

L'esprit est au-delà de la matière. Je suis convaincu que l'esprit imprègne la matière et que la matière est en relation avec l'esprit par cette force qui est l'amour dont la matière nourrit l'esprit et dont l'esprit nourrit la matière, canal de la relation, de la religion entre le monde matériel et le monde spirituel.

Pour une approche critique, scientifique de la science

La méthode scientifique moderne a permis de décortiquer les phénomènes naturels pour en comprendre les mécanismes. Comment ça marche ? C'est la question à laquelle la science permet d'apporter des réponses passionnantes et toujours plus poussées et détaillées. Grâce à la science, l'humanité a pu évacuer beaucoup de belles fausses histoires selon l'expression de Spinoza, beaucoup d'idéologies et de dogmes fondés sur l'ignorance. Par les explications qu'elle apporte, la science a considérablement augmenté le degré de liberté individuelle. Ses succès portent en eux les risques de débordements qui n'ont pas manqué de survenir dès le XIXe siècle en transformant le bel instrument de connaissance qu'est la science en idéologie qui exclut toute autre forme de connaissance : puisque la science peut tant expliquer, elle peut tout. Certains scientifiques prétendent tout connaître et pouvoir se dispenser de l'avis du peuple, des règles de la société et d'une réalité métaphysique. J'ai entendu des scientifiques dire que, puisque le peuple ne veut pas d'OGM dans l'agriculture, il faut laisser le pouvoir de décision aux scientifiques. Quelle arrogance ! Il est des questions auxquelles la science ne répondra jamais. C'est le domaine du sens, de la métaphysique et de la spiritualité. Ces questions sont celles du « pourquoi? »

Pourquoi la vie ? C'est la question que ma fille Lea m'a posée à l'âge de 11 ans devant le troupeau de moutons dont les agneaux sautaient de joie, mais qui étaient promis au sacrifice. Pourquoi ils vivent les moutons ? Puis se tournant vers moi : et nous, pourquoi on vit ?

Quel est le sens de la vie ? Qu'est-ce qu'il y a avant, et après la vie ? Pourquoi la mort ? Pourquoi le mal ? Sommes-nous libres, et donc responsables du bien et du mal que nous faisons, et dans quelle mesure ? La science ne répond pas à l'une des questions fondamentales que se posent les philosophes depuis les tout premiers temps, comme Thalès de Milet, six siècles avant J.-C., soit la distinction entre ce qui est permanent et ce qui est passager. C'est de cette réflexion que vient la distinction entre le corps, qui meurt et se décompose, et l'âme qui survit à la mort.

La science ne donne pas non plus de réponse à tous les « comment ? ». Prenons l'exemple des OGM. Les scientifiques ont développé une technique impressionnante qui permet de transférer d'un organisme à l'autre, d'une espèce à l'autre, même d'un animal à une plante, une partie du matériel génétique. Fabuleux ; très utile sur le plan industriel pour produire des substances compliquées. Mais personne ne sait exactement ce qu'il se passe. Puisque l'on transgresse des barrières naturelles, on ne maîtrise pas toutes les conséquences de ces manipulations : leurs effets sur le nouvel être créé, les possibilités de transfert dans d'autres individus ou espèces, leurs effets sur le milieu de vie, invasions, productions toxiques, affaiblissements. Il faut donc donner à la science un cadre éthique qui définisse les limites de son utilisation. Respecter la liberté de la science, d'accord, mais dans un cadre clair, et en toute indépendance des intérêts industriels. Francis Bacon (1561-1626) plaidait pour une recherche publique, car il considérait comme immorale l'utilisation des découvertes scientifiques pour l'enrichissement personnel, c'est-à-dire exactement le contraire de ce nous faisons aujourd'hui. Nous pourrions prendre aussi l'exemple de l'énergie nucléaire, avec ses dangers et ses déchets, pour laquelle la science ne répond ni au pourquoi (un petit peu d'énergie pour très peu de temps) ni au comment se débarrasser des risques et des déchets. Il faut sortir de l'idéologie scientiste et retrouver une approche scientifique de la science, c'est-à-dire expérimentale, critique, ouverte, curieuse, modeste. La science peut aller très loin dans la recherche du « comment ça marche ? ». Ce n'est ni sa compétence ni son rôle de décider comment utiliser ses découvertes, ni de répondre aux questions métaphysiques du pourquoi, du sens de la vie, des origines premières et des fins dernières. La recherche scientifique a permis d'expliquer tant de phénomènes, de manière si impressionnante, qu'elle en est devenue arrogante. Lorsqu'en septembre 2008, le CERN a inauguré son grand collisionneur de hadrons (LHC), qui devrait nous permettre de mieux comprendre les premiers instants de l'histoire de l'Univers, certaines personnes ont eu peur de la fin du monde, alors que d'autres pensaient que l'humanité pourrait se débarrasser de Dieu. En fait, après quelques jours de fonctionnement, l'appareil est tombé en panne pour de nombreux mois, remettant chacun à sa place. De même, Jacques Monod a été saisi de vertige lorsqu'il a éliminé Dieu de l'Univers parce qu'il avait contribué à découvrir comment fonctionne l'alphabet de la vie. Un vrai scientifique doute toujours, car il sait que les méthodes les plus sophistiquées ne donnent jamais de réponse définitive.

Spinoza distingue trois degrés de connaissance : les belles histoires fausses enseignées par les Églises, la connaissance scientifique, précise mais partielle et l'intuition, qui est la connaissance globale :

saisir, sentir et consentir. Pour Emmanuel Kant, la connaissance a deux sources essentielles, la sensibilité et l'entendement. Pour lui, la connaissance commence par l'expérience, les sens, mais elle est constituée de l'expérience et de la connaissance a priori, dite pure lorsque rien d'empirique ne lui est mélangé[64].

Henri Bergson constate que la science ne peut pas expliquer la totalité de la réalité. Il conçoit l'idée de l'âme qui contient la durée pure, la mémoire absolue, immortelle, séparée du corps qui est l'instrument de l'action de l'âme dans l'espace-temps. Il explique la diversification de la vie par une force créatrice, l'élan vital. Paul Feyerabend (1924-1994) affirme le caractère relatif des théories scientifiques et nie la supériorité de la connaissance scientifique sur les autres formes du savoir. Quant à Karl Popper, il critique la méthode d'induction scientifique. L'induction scientifique permet de développer une théorie, non de la prouver. Par la méthode de la falsification qu'il préconise, il ne faut pas chercher les exemples qui confirment une théorie, mais ceux qui pourraient la contredire. Et pour Edgar Morin, *« la science n'est pas le reflet de la réalité; c'est l'élaboration de théories sur la réalité qui gardent un caractère hypothétique »*. Même les découvertes scientifiques les plus significatives ne sont que des descriptions de phénomènes et non des explications sur leurs mécanismes fondamentaux ou leurs causes premières. Henry Drummond écrivait à ce sujet : *« Newton n'a pas découvert la gravité – elle n'est pas encore découverte. Il en a découvert la loi qui est la gravitation, mais cela ne nous dit rien de son origine, de sa nature ou de ses causes*[65]. » La vie est beaucoup plus que ce que la science nous révèle. Robert Hainard, qui avait une approche à la fois scientifique et sensitive, émotionnelle de la nature écrivait : *« Nos connaissances scientifiques sont à la réalité ce que le cadastre est à un paysage*[66]. »

Henri Bergson constate que la science ne peut pas expliquer la totalité de la réalité.

Pour Socrate, aucune vérité n'est absolue, définitive, en dehors du contexte et de l'auteur, incroyable intuition de ce que devait découvrir 2 500 ans plus tard la mécanique quantique. Socrate cultivait le doute : « Je sais que je ne sais rien. » Sa remise en question des dogmes et des certitudes l'a rendu insupportable pour les autorités de l'époque qui l'ont condamné à mort. Essayez aujourd'hui de contester l'idéologie scientiste dominante ! On aura vite fait de vous exclure, de vous dénigrer. Des scientifiques comme Pierre Lehmann, physicien nucléaire critique de l'utilisation de l'énergie nucléaire, ou les scientifiques critiques vis-à-vis de l'utilisation des OGM en plein champ, en font l'amère expérience.

L'écologie des sens, de la raison et de l'esprit

Depuis le milieu du XIXe siècle, en réaction au matérialisme et aux atteintes de plus en plus graves à la nature, l'écologie se développe sur trois voies : l'écologie des sens et des émotions, romantique, l'écologie de la raison, scientifique, et l'écologie de l'esprit, philosophique et spirituelle. Ces voies sont parfois bien distinctes, souvent entremêlées.

L'écologie des sens et des émotions

L'engouement romantique pour la nature, dans la lignée de Rousseau, a conduit à une mobilisation populaire pour la protection de sanctuaires naturels, la création de parcs nationaux, aux États-Unis dès le milieu du XIXe siècle, en Suisse en 1913 ou en Italie en 1922. La raréfaction de la grande faune sous la pression conjuguée de la déforestation, de la chasse et de l'élevage, la construction des barrages puis l'extension du réseau routier et enfin le développement des stations de sports d'hiver et des remontées mécaniques ont engendré la constitution d'organisations pour la protection de la nature, comme l'Audubon Society aux États-Unis en 1900, la Ligue suisse pour la protection de la nature, devenue Pro Natura, en 1909, suivies de nombreuses autres, particulièrement au cours de la seconde moitié du XXe siècle avec la création de l'Union internationale pour la conservation de la nature et de ses ressources (UICN) en 1947 et du WWF International en 1961. En France, entre 1969 et 1971, une mobilisation contre un projet de développement touristique dans le parc national de la Vanoise, premier parc national français créé en 1963, a soudé trois mille organisations regroupées dans France Nature et Environnement. Aujourd'hui, les organisations de protection de la nature et de l'environnement comptent des dizaines de millions d'adhérents dans le monde. Elles représentent une force morale et politique considérable, mais pas suffisante ou pas suffisamment convaincue pour retourner la situation.

L'écologie de la raison

Les progrès scientifiques ont permis de comprendre la complexité, l'unité, l'interdépendance, la fragilité des écosystèmes qui a conduit au concept moderne de Gaïa, la Terre comme être vivant[67], concept qui a gagné en crédibilité lorsque l'humanité a découvert les premières images de la Terre vue de l'espace.

James Lovelock est né en Angleterre en 1919. Il a étudié la chimie, la médecine et la biophysique en Angleterre puis à Harvard et Yale aux États-Unis. Il a effectué des recherches, développé des méthodes scientifiques et publié plus de 200 articles scientifiques et de nombreux livres. Ses compétences interdisciplinaires l'ont conduit en 1987 à développer l'hypothèse

DR

Gaïa, qui considère la Terre comme un ensemble cohérent qui régule lui-même sa composition chimique et son climat pour assurer le confort des organismes vivants. Il a été en 2009 professeur invité à l'université d'Oxford.

La science et les techniques seules ne nous permettront pas de sauver la planète.

L'écologie est la science de la complexité, ou plutôt un complexe de sciences qui associe biologie, chimie, physique, géologie, géographie, mathématiques, histoire, sciences sociales, économie, politique et métaphysique. Autant dire que personne ne maîtrise l'écologie et que la complexité de la vie devrait nous rendre modestes et prudents. Même dans un concept anthropocentrique classique qui réduit la nature au statut de ressources et de services, l'écologie scientifique devrait suffire à nous convaincre d'adopter des comportements de manière à sauvegarder durablement les ressources dont l'humanité dépend. L'analyse scientifique, objective, du fonctionnement et de la dégradation des écosystèmes, de l'épuisement des ressources renouvelables et non renouvelables, des menaces qui pèsent sur les espèces, des changements climatiques, des ruptures du cycle de l'eau et de l'empoisonnement progressif de la planète par les déchets et les produits chimiques est suffisante pour justifier des décisions politiques claires et des changements de comportements. Si nous n'y parvenons pas, c'est que nous n'obéissons pas qu'à la raison, mais que nos comportements sont aussi déterminés par nos émotions et par nos convictions, nos valeurs.

La science est à la base du développement de techniques qui permettent de réduire la consommation de ressources grâce à une efficacité accrue ou à un meilleur recyclage, de produire de manière propre, par exemple du papier blanchi sans utiliser de mercure, ou de l'électricité solaire, ou de lutter contre certaines pollutions avec le catalyseur et le filtre à particules qui réduisent de 90 % les émanations nocives de nos pots d'échappement. Mais le développement des techniques, en soi positif, favorise une relation mécaniste avec la nature. La croyance que des solutions techniques vont résoudre les problèmes écologiques est une illusion démentie dans tous les domaines. Dans un contexte idéologique de croissance, le progrès technologique est systématiquement dépassé par l'augmentation de la population et de la consommation. Il ne suffit donc pas. Il faut le compléter par une nouvelle relation avec la nature et l'associer à une réduction de la consommation et une stabilisation de l'économie et de la démographie. La science et les techniques seules ne nous permettront pas de sauver la planète.

L'écologie de l'esprit

Des mouvements plus fondamentalistes sont nés en réaction aux dégâts commis contre la nature par la société industrielle. Héritiers des transcendantalistes, ces mouvements donnent à la nature un rôle central (biocentrisme) par opposition à l'anthropocentrisme de la civilisation occidentale. C'est le philosophe norvégien Arne Naess (1912-2009), inspiré par Spinoza et le bouddhisme, qui a donné un cadre philosophique et un nom générique à ces mouvements sous le nom d'écologie profonde (*deep ecology* en anglais). L'écologie profonde considère la nature comme un tout, dont toutes les espèces et tous les éléments ont droit au respect, et à l'intérieur duquel l'homme doit rechercher l'équilibre. Chaque être vivant, chaque lieu, chaque cours d'eau, forêt, zone humide et chaque pierre a une valeur en soi. La nature elle-même, comme nous le verrons au chapitre suivant, nous montre que l'on peut utiliser ses

La conscience de l'unité du vivant, de notre fraternité avec chaque élément de la nature est le fondement à la fois scientifique et spirituel d'une nouvelle civilisation en harmonie avec la nature.

ressources, mais à condition de le faire avec retenue, avec respect, sans gaspillage. L'écologie profonde est une renaissance des grands courants philosophiques et spirituels monistes que nous avons rencontrés dans ce chapitre : peuples premiers, Héraclite, taoïsme, hindouisme, bouddhisme, christianisme celtique, François d'Assise et Hildegarde de Bingen, Spinoza, Rousseau, transcendantalisme. La conscience de l'unité du vivant, de notre fraternité avec chaque élément de la nature est le fondement à la fois scientifique et spirituel d'une nouvelle civilisation en harmonie avec la nature.

L'écologie politique

Ces trois voies de l'écologie ont fini par avoir une influence considérable sur les politiques nationales et la politique internationale. Les années 1970 ont vu la création dans tous les pays du monde de ministères de l'Environnement, de grandes organisations internationales intergouvernementales comme le Programme des Nations Unies pour l'Environnement en 1972 et le Fonds pour l'environnement mondial en 1991, ou non gouvernementales comme le WWF et Greenpeace. Mieux, beaucoup d'organisations classiques comme l'UNITAR (Institut des Nations Unies pour la formation et la recherche), l'Organisation mondiale de la santé, l'Organisation météorologique mondiale, le Programme des Nations Unies pour le Développement, et même l'Organisation mondiale du Commerce ont commencé à intégrer les questions environnementales dans leurs stratégies. Paradoxalement, l'un des plus importants centres de compétence environnementale se trouve à la Banque mondiale.

Peu de gens ont compris que le socle du développement durable est l'intégrité de la nature.

Le Sommet de la Terre à Rio de Janeiro en 1992 a donné une formidable impulsion au concept de développement durable, qui annonce une convergence entre l'économie, la justice sociale et l'écologie. Le monde a enfin compris qu'il n'y a pas de développement possible dans la durée sans que l'on ménage la nature et l'environnement, et sans une juste répartition des ressources. De nombreuses conventions ont été signées dans la foulée de la Conférence de Rio : sur le climat, la biodiversité, la désertification, les substances chimiques. Malheureusement, l'idéologie dominante de la croissance et de la consommation met en échec la réalisation du développement durable. Le concept, pourtant défini de manière simple dans le rapport de la Commission sur l'environnement et le développement, est utilisé à tort et à travers et déformé de manière élastique en fonction des intérêts que l'on désire défendre.

Peu de gens ont compris que le socle du développement durable est l'intégrité de la nature qui doit ainsi pouvoir nous offrir ses services écologiques de manière durable. Le rôle de l'économie devrait être de gérer ces ressources de manière parcimonieuse pour ne pas entamer le capital nature, au profit de l'ensemble de l'humanité actuelle et future.

Le développement soutenable *(durable selon l'usage le plus répandu actuellement)* est un développement qui répond aux besoins du présent sans compromettre la capacité des générations futures à répondre aux leurs. Deux concepts sont inhérents à cette notion :

– le concept de « besoin », et plus particulièrement des besoins essentiels des plus démunis, à qui il convient d'accorder la plus grande priorité ;

– et l'idée des limitations que l'état de nos techniques et de notre organisation sociale impose sur la capacité de l'environnement à répondre aux besoins actuels et à venir.

Commission mondiale sur l'environnement et le développement, Notre avenir à tous, *Éditions du Fleuve, 1988, p. 51.*

L'inefficacité du concept de développement durable est particulièrement flagrante à Rio de Janeiro même, où l'on construit aujourd'hui des murs dits écologiques autour des favelas – il y en a près de mille autour de Rio, pour empêcher leur extension sur les forêts voisines et tenter de contrôler la délinquance. La démographie débridée, le mal-développement, le gaspillage des uns et l'extrême pauvreté des autres mettent en échec le développement durable. Il manque au développement durable une approche scientifique et une base spirituelle. Le fameux triangle qui relie environnement, économie et société invite à la pensée interdisciplinaire, mais il n'est pas assez exigeant pour réorienter les politiques et les choix de société.

> *« Je suis persuadé que le rapport de l'homme et de la nature ne peut être compris et réglé que dans la perspective d'une philosophie de la complémentarité : tu n'es que par rapport à ce qui n'est pas toi; et tu "es" d'autant plus intensément que tu "aimes" et connais mieux autrui et que tu respectes mieux sa nature propre. »*
> (Robert Hainard[68])

Il n'y a pas de solution sans une renaissance de l'amour de la nature, un sentiment d'identité, de complicité avec la nature qui place le respect et la conservation de la nature comme priorité, comme condition de toute action humaine.

Synthèse

Les courants spirituels qui incluent la nature, ceux des peuples premiers, des peuples des mégalithes, des peuples germaniques, des jaïns, des panthéistes, de Rousseau, des transcendentalistes, de l'écologie profonde accordent une valeur essentielle, sacrée à tous les éléments de la nature. La conséquence directe de ce choix est un profond respect pour toute forme de vie.

Les autres courants ont été, selon le contexte historique, plus ou moins respectueux de la valeur de la nature comme lieu de paix ou expression de la bonté de Dieu et l'ont surtout considérée comme une ressource gratuite et inépuisable. Ces philosophies humanistes, rationalistes n'ont pas tout de suite provoqué de gros dégâts à la nature, car elles ont été développées par une humanité qui disposait de peu de moyens techniques et qui se trouvait de fait dans un certain équilibre avec une nature vaste, puissante et généreuse.

Les courants matérialistes et scientistes, le positivisme du XIXe siècle et son avatar, le consumérisme industriel des XXe et XXIe siècles, ont développé une attitude hostile à la nature. La combinaison de la rationalité scientifique et du développement industriel a abouti à une société matérialiste de consommation qui a perdu ses repères de valeurs spirituelles.

La nature est devenue un pur objet de consommation.

La nature est devenue un pur objet de consommation. Même si la rationalité aurait voulu que l'on exploite cette nature avec précaution, afin de ne pas en entamer le capital qu'elle représente, l'économie de croissance et de consommation, idéologie dominante de cette société, n'a pas intégré le capital nature dans ses calculs et prévisions. Cette civilisation s'est répandue sur l'ensemble de la planète comme un cancer, reléguant dans la marge puis écrasant toutes les philosophies et spiritualités, même dans les cultures de longue tradition spirituelle et ascétique en Inde et en Chine ou panthéistes en Afrique.

Après avoir vécu pendant des millénaires dans la nature, avec la nature, l'humanité a peu à peu développé une pensée dualiste pour tenter de s'élever au-dessus de la nature. Elle a oscillé entre des périodes plus spiritualistes et d'autres plus matérialistes, des périodes plus naturalistes et d'autres plus intellectuelles. Le développement des sciences a accentué l'impression d'une autonomie de l'humanité, d'une puissance et d'une domination de la nature. Mais cette science elle-même peut nous rapprocher de la nature, nous faire mieux comprendre, moins par conviction idéologique que par évidence scientifique, que le monde est un tout cohérent, dont nous sommes une partie intégrante. La science peut redonner une actualité encore plus forte aux visions d'un Héraclite (tout devient tout), d'un Spinoza (Dieu, c'est-à-dire la nature) ou d'un Thoreau.

Ainsi je suis de plus en plus convaincu que nous ne sommes qu'au début de l'ère scientifique qui, lorsqu'elle aura atteint sa maturité, fera converger à nouveau les sens, la raison et l'esprit. L'homme et la nature formeront alors un tout magnifique, foisonnant, dynamique et harmonieux. C'est comme cela que je vois le destin, le sens de l'humanité dans cette phase de son existence.

L'ère scientifique aura atteint sa maturité lorsqu'elle fera converger les sens, la raison et l'esprit.

La nature elle-même, perçue par les sens, par la science et par l'amour peut nous aider à trouver le chemin de cette réconciliation avec nous-mêmes et avec elle. C'est le thème du prochain chapitre.

> *« L'amour de la nature doit nous délivrer de la prolifération implacable et étouffante du système économique. Il doit être la force capable de faire sauter le cercle infernal du besoin, de la peur, de l'avarice et de la soif de domination. »* (Robert Hainard[69])

trois

La nature, source d'inspiration

La nature contient tout le message dont nous avons besoin pour nous réconcilier avec elle par l'humilité, le respect, la reconnaissance et la joie de vivre. L'amour est la fraternité qui lie tous les êtres vivants entre eux et avec le cosmos ; c'est lui qui donne un sens à l'Univers.

La nature, premier livre de la Révélation

Tant les grands courants spirituels – souvenez-vous du ciel d'Indra –, que les dernières découvertes scientifiques, les particules communes à toute la matière, les acides nucléiques communs à toute la vie, montrent une unité, une cohérence au sein de la nature. Cette cohérence s'étend logiquement à son auteur, qu'on l'appelle Dieu, l'Esprit ou le hasard n'y change rien. Nous pouvons donc découvrir les lois fondamentales de la Création par une approche mystique, sympathique ou scientifique de la nature, trois chemins complémentaires. Ce chapitre traite de l'enseignement que l'observation et l'expérience de la nature peuvent nous donner. Le suivant aborde l'approche mystique méditative.

La plupart des religions ont leur livre sacré, ouvrages transmis oralement puis écrits au cours de plusieurs siècles ou millénaires, comme le Tanakh juif, le Veda hindou, les sûtras bouddhiques, le Nouveau Testament chrétien, le Coran et les hadiths de l'islam. Ces traditions et ces ouvrages sont les œuvres d'hommes, sages, inspirés, éclairés. Tous contiennent des paroles de sagesse, des valeurs essentielles, universelles, souvent très proches d'une religion à l'autre, mais ils sont tous marqués par leur temps, par la civilisation d'une époque et d'un lieu particuliers. Ces traditions et ces écrits sont des œuvres humaines, quelle que soit notre conviction quant à leur caractère inspiré ou dicté, et quant au statut d'élu ou de prophète de leurs auteurs.

Par contre la nature n'est pas une œuvre humaine. Le mot chinois pour la nature s'écrit 自然 (*zî ran*, à prononcer *tze, jeanne*), ce qui veut dire « ce qui est par soi-même ». Robert Hainard dira dans le même sens : *« La nature est essentiellement ce que l'homme n'a pas fait, c'est-à-dire la seule chose qui puisse nous enrichir*[1]. » La présence et l'intervention de l'homme y sont très tardives, brèves et, jusqu'à il y a peu, insignifiantes. L'âge de notre espèce, homo sapiens sapiens n'est que de 50 000 ans, ce qui ne représente que 0,14 % de la durée de la vie sur Terre, apparue il y a 3,5 milliards d'années. Les chasseurs cueilleurs magdaléniens ont exterminé quelques grandes espèces, et la révolution néolithique qui date de 10 000 ans a bouleversé localement certains écosystèmes, mais ni les uns ni l'autre n'ont remis en question le fonctionnement de la biosphère. L'ère industrielle, qui a une influence massive sur les équilibres naturels, ne date que de 200 ans, soit 0,0006 % de la durée de la vie sur Terre. Même diminuée, appauvrie et polluée, la nature sauvage obéit, aujourd'hui encore, à ses propres règles, à sa propre dynamique et constitue ainsi l'ouvrage de référence le plus ancien et le mieux conservé. La nature est l'œuvre de son Créateur, le seul livre que Dieu a écrit lui-même.

La nature est le seul livre que Dieu a écrit lui-même.

Nous allons donc pouvoir lire directement dans la nature sauvage le message du Créateur. J'ai longtemps cru que nous étions peu nombreux à penser de la sorte, mais je découvre toujours plus de penseurs qui ont exprimé la même conviction.

Jean-Jacques Rousseau inaugure une lignée de philosophes naturalistes ou transcendantalistes, qui voient dans la nature la présence du Grand Ordonnateur de l'Univers.

> *« Je n'ai jamais pu croire que Dieu m'ordonnât, sous peine de l'enfer, d'être savant. J'ai donc refermé tous les livres. Il en est un seul ouvert à tous les yeux, c'est celui de la nature. C'est dans ce grand et sublime livre que j'apprends à servir et adorer son divin auteur*[2]*. »*

Rousseau se laisse en cela guider par sa conscience, instinct divin, céleste voix, guide assuré, qui rend l'homme semblable à Dieu.

> *« S'il parle à tous les cœurs, pourquoi donc y en a-t-il si peu qui l'entendent ? Eh ! C'est qu'il nous parle la langue de la nature, que tout nous fait oublier. La conscience est timide, elle aime la retraite, et la paix. Le monde et le bruit l'épouvantent*[3]*. »*

D'éminents chrétiens ont reconnu que la nature contient des signes, un message du Créateur.

> *« On apprend plus de choses dans les bois que dans les livres, les arbres et les rochers nous enseigneront des choses que vous ne sauriez entendre ailleurs. »* (Bernard de Clairvaux[4])
>
> *« Je pense que l'amour de la nature a été très important. D'une certaine manière, il a fondé mon sens de Dieu. Pour moi, Dieu n'était pas associé en premier lieu aux églises, mais bien davantage avec la contemplation silencieuse d'une marche en forêt. »* (Timothy Radcliffe[5])

Le pape Jean Paul II a désigné François d'Assise comme patron des écologistes. Cette décision repose sur une conviction de la valeur de la nature comme don et message de Dieu. À Aoste en 2001, Jean-Paul II a dit que *« la création est le premier livre de la Révélation »*. Il va jusqu'à parler d'eucharistie cosmique, affirmant que le Christ est venu racheter l'humanité et toute la création avec elle. Jean Bastaire a compilé vingt textes de Jean-Paul II sur l'écologie[6], dans lesquels nous pouvons lire :

> *« La nature devient alors un Évangile qui nous parle de Dieu. »*
> *« Dans le mouvement paisible et silencieux, mais riche de vie, de la nature, continue à palpiter la satisfaction originelle du Créateur : "Et Dieu vit que cela était bon !" (Gen. 1, 12). »*

La tradition islamique reconnaît également un message de Dieu dans les manifestations de la nature.

> *« Le Coran nous dit que nous devons percevoir les choses pas tant pour ce qu'elles sont en elles-mêmes mais pour ce qu'elles nous disent de quelque chose au-delà d'elles-mêmes. »* (Murata[7])

Bediüzzaman Said Nursi (1878-1960) exprime que le cosmos a un sens et qu'il prend la forme *« d'un livre personnel de Dieu, d'un Coran incarné, d'une cité finement ornementée du Compatissant[8] »*.

Le Coran lui-même affirme que Dieu donne un message aux hommes à travers la nature :

> *« Nous leur montrerons nos signes sur l'horizon et au sein de leur propre esprit, jusqu'à ce qu'ils comprennent clairement qu'Il est le réel[9]. »*
> *« Sur la terre il y a des signes pour ceux qui croient, ainsi qu'au sein de vous-mêmes : est-ce que vous ne verrez donc pas[10] ? »*

On pourrait me rattacher à la théologie naturelle qui tente de prouver l'existence de Dieu et de décrypter des lois morales en observant la nature, à travers les lois naturelles, la diversité biologique ou dans une nature chargée de symboles[11]. Je ne considère toutefois pas la nature comme un livre de morale codifiée qui nous dicterait nos comportements. Elle est plutôt un beau livre destiné à nous inspirer, à nous éclairer pour nous aider à faire nos choix philosophiques et moraux par nous-mêmes, individuellement et collectivement, sans dogmatisme. L'expérience et l'observation de la nature nous donnent des clés pour comprendre comment fonctionne la vie, des signes pour comprendre son sens et des indications sur les comportements qui nous permettent de vivre en harmonie avec elle et son Créateur.

Unité et diversité

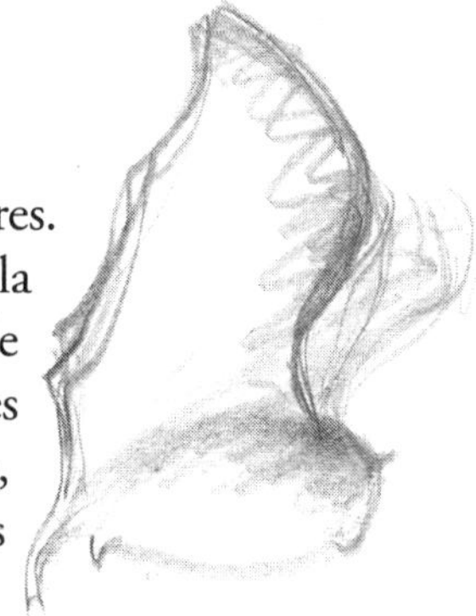

Robert Hainard, Chauve-souris, *croquis. (© Fondation Hainard).*

Chaque élément de la nature est relié à tous les autres. Par exemple le cycle de l'eau, si indispensable à la vie, dépend de l'énergie du soleil et de la capacité de l'atmosphère à absorber et à transporter d'immenses quantités de vapeur d'eau, de la biosphère – forêts, prairies, zones marécageuses qui protègent les sols contre l'érosion – et des sols qui absorbent, filtrent, emmagasinent et restituent de l'eau propre. Au sein du monde vivant, les prédateurs dépendent de leurs proies, et les proies dépendent du milieu dans lequel elles vivent. Si un seul chaînon vient à manquer, c'est toute la chaîne qui se rompt. Cette perception systémique du monde est depuis des millénaires une évidence pour les philosophies hindoues, bouddhistes et taoïstes et pour les peuples qui vivent en harmonie avec la nature, pour lesquels le monde est un tissu dont tous les fils sont solidaires, raison pour laquelle chaque indien kogi tisse lui-même ses habits, symboles du tissu de la vie. Sous ses formes les plus diverses, au-delà de ses contradictions, le monde est l'émanation et l'expression d'une réalité unique, cohérente, universelle. Blaise Pascal a clairement exprimé cette cohérence fondamentale :

> « *Toutes choses étant causées et causantes, aidées et aidantes, médiates et immédiates, et toutes s'entretenant par un lien naturel et insensible qui lie les plus éloignées et les plus différentes, je tiens pour impossible de connaître les parties sans connaître le tout, non plus que de connaître le tout sans connaître particulièrement les parties*[12]. »

La civilisation scientifique redécouvre l'unité fondamentale de l'Univers minéral et vivant, bien illustrée par la technique de l'hologramme, un procédé photographique qui permet de restituer une image en trois dimensions. Un point sur une photographie normale devient une image simplifiée de l'objet complet dans l'hologramme. L'image est constituée de l'ensemble des points et chaque point de l'hologramme représente l'ensemble de l'image. L'hologramme est la version moderne du ciel d'Indra. Comme chaque point d'un hologramme, comme chaque perle du ciel d'Indra, chaque être porte en lui le reflet du tout, et le tout porte un reflet de lui. La perte d'un seul élément de l'infinie diversité du monde, si petit soit-il, est une perte pour l'ensemble et pour chacun de ses membres. Les études des particules élémentaires par les physiciens les ont conduits à percevoir de mieux en mieux l'unité du monde au-delà des limites de leurs recherches et de leur savoir.

> *« La philosophie du Bootstrap renonce non seulement à l'idée de "briques" élémentaires de la matière, mais à quelque entité fondamentale que ce soit : lois équations ou principes. Pour elle, l'Univers est un tissu dynamique d'événements interdépendants. Aucune propriété d'une quelconque partie de ce tissu n'a valeur de base : toutes résultent des propriétés des autres parties, et c'est la cohérence globale de leurs relations mutuelles qui détermine la structure de tout le tissu. »* (Fritjof Capra[13])

La biologie a montré que toutes les formes de vie sont construites à partir d'un alphabet unique et universel de seulement cinq lettres, et l'étude des écosystèmes montre l'interdépendance de tous leurs constituants et celle des écosystèmes entre eux, ce qui a conduit Vladimir Ivanovich Vernadsky à définir le concept de biosphère[14] et, plus tard, James Lovelock et Lynn Margulis à formuler l'hypothèse Gaïa[15], deux concepts qui considèrent l'ensemble de la Terre comme un être vivant. Chacune de nos existences a une influence sur le tout. Lorsque les humains n'étaient que quelques millions sur Terre, les effets de leurs vies se fondaient dans la nature, récupérés par l'énorme potentiel homéostatique de la biosphère. Chaque vie humaine était alors recyclée en compost, en nouvelles vies. En se multipliant plus vite que des lapins, les humains sont devenus responsables d'un nombre de plus en plus élevé de leurs actes vis-à-vis de la nature. Et puisqu'ils ont continué à se comporter en irresponsables, comme au temps où cela n'avait pas d'importance, ils ont commencé à commettre d'importants dégâts. En Suisse, l'ordonnance sur la protection de l'air s'applique aux fours crématoires, tant les cadavres sont pollués, notamment à cause du mercure des amalgames dentaires.

L'humanité a besoin d'une révolution idéologique pour faire naître auprès de chacune et de chacun un mode de pensée systémique, responsable et respectueux de toutes les formes de vie, de l'Univers dans son ensemble et de la force créatrice dont il est l'émanation et qui en garde les secrets les plus profonds.

La biologie a montré que toutes les formes de vie sont construites à partir d'un alphabet unique et universel.

Ce qui nous anime en faveur de la nature, c'est une complicité, une identité, qui fait que nous souffrons lorsqu'elle souffre, et que lorsqu'une espèce, un arbre, un animal familier ou un biotope disparaissent, nous éprouvons le sentiment de perdre une partie de nous-mêmes. Cette perception de la nature se situe bien loin de ce que j'ai si souvent entendu dans mes activités environnementalistes à propos des animaux: *« Vous n'allez tout de même pas interdire le canoë sur ce tronçon de fleuve pour quelques canards! »* ou bien *« Comment peut-on remettre en question un barrage pour sauver quelques chauves-souris? »*, ou encore avec moquerie, à propos de tests de fertilité du sol : *« Vous vous amusez à compter les vers de terre, ha! ha! bien sûr sans les traumatiser! »*

L'humanité actuelle se moque des vers de terre. Pourtant, leur aide dans la production agricole est infiniment plus précieuse, plus puissante que toutes les machines que nous avons construites et tout le pétrole que nous avons gaspillé pour produire nos céréales. Inconscience d'un monde mécaniste qui croit tout savoir mais ne comprend pas grand-chose. Il y a derrière ces phrases un mépris profond envers les animaux, envers la vie, et finalement envers nous-mêmes. Le débat sur les grands prédateurs, lynx, loup, ours montre lui aussi une incompréhension de notre appartenance biologique et spirituelle à un tout, à une réalité supérieure. Je ne nie pas le problème des prédateurs pour les éleveurs, mais au lieu de chasser ces animaux, il faut réapprendre à vivre avec eux. D'ailleurs, j'observe en Suisse 7,5 millions d'habitants, 400 000 moutons, dix loups et un ours : où se situe le problème ? Nous devons réapprendre à vivre dans une nature complète. L'exclusion d'une espèce est un appauvrissement, un échec, une reconnaissance de notre incapacité à gérer la Création.

Les sociétés humaines ont tendance à simplifier les systèmes. En espérant les rendre ainsi plus efficaces, elles les fragilisent. Nous avons développé une pensée linéaire, anthropocentrique, ancrée dans une philosophie de l'avoir et de la croissance. Or, les systèmes à la fois durables et efficaces sont ceux dont l'augmentation de l'entropie est minimale, qui gardent ainsi en leur sein le maximum de potentiel et échangent lentement avec leur environnement.

L'entropie est la mesure du désordre d'un système physique, plus particulièrement de la dissipation de l'énergie. Plus l'entropie est élevée, moins l'énergie est utilisable. L'énergie qui passe d'un point chaud (la chaudière d'une machine à vapeur) à un point froid (l'air ambiant) peut faire tourner un moteur. Dans ce cas, l'entropie est basse. La même quantité d'énergie contenue dans de l'eau et de l'air tièdes, c'est-à-dire à entropie élevée, ne peut pas faire fonctionner cette machine. Tout système tend à une augmentation de son entropie (2e principe de la thermodynamique).

Une bombe dégage une quantité très importante d'énergie en un temps minimum, détruisant tout à court terme et ne laissant derrière elle que désolation et déchets. L'énergie de la nature se développe progressivement, en de nombreuses étapes dont toute une chaîne d'espèces et de processus peuvent profiter. L'utilisation parcimonieuse de l'énergie disponible requiert une grande diversité de niches et d'acteurs. Le soleil tropical sur un sol dénudé provoque un échauffement qui détruit la vie, laissant le sol à la merci du prochain orage qui emporte la couche arable, alors que le soleil qui tombe sur la canopée d'une forêt tropicale est absorbé par plusieurs couches de feuilles et de plantes qui, en tombant vont redistribuer une partie de cette énergie aux plantes et aux animaux à la surface du sol, puis aux champignons et aux micro-organismes qui vont à leur tour restituer les sels minéraux aux grands arbres. La récupération est si intense que les racines de certains sols pauvres de l'Amazonie récupèrent la totalité des déchets, si bien que l'eau qui les traverse en ressort aussi pure que de l'eau distillée.

La nature se développe pour occuper toutes les niches disponibles avec la plus grande diversité possible. On estime de 5 à 30 millions le nombre d'espèces vivantes, toutes intégrées dans des chaînes et des cycles. Un système naturel est d'autant plus solide qu'il est complexe. L'Univers lui-même est d'une infinie richesse, composé de milliers de milliards de galaxies pouvant renfermer chacune 1 000 milliards d'étoiles. Tout ce foisonnement de matières et de vies d'une infinie diversité repose sur quelques lettres de base, les particules subatomiques et les bases nucléiques.

Lors des mes balades dans le Jura vaudois à la recherche de traces de lynx, je suis tombé un hiver sur une trace sinueuse de lynx marquée dans la neige, comme si l'animal tentait une approche discrète en se cachant derrière de petits talus. Quelques dizaines de mètres plus loin, la trace de lynx rejoignait la trace d'un chevreuil. En remontant la trace du chevreuil, je constatai que le chevreuil avait passé d'une touffe d'herbe qui dépassait la faible couche de neige à une autre. À l'endroit où les deux traces se rejoignaient, les deux animaux ont bondi en parallèle sur une quinzaine de mètres, avant que les deux traces ne se séparent. Quelques mètres de trot, puis les deux animaux avaient repris leur activité, calmement. Cette histoire naturelle marquée dans la neige du pâturage de la Dunanche montre bien l'équilibre délicat qui existe entre le prédateur et la proie.

Le lynx manque beaucoup plus souvent sa proie qu'il ne réussit à l'attraper. Et c'est heureux car ainsi, il reste toujours assez de chevreuils, et il n'y a jamais trop de lynx, à l'intérieur de fluctuations harmoniques des deux populations, tant que les chasseurs, les chiens errants ou les automobiles ne commettent pas l'irréparable dans des territoires devenus trop découpés par les routes et trop petits. L'immense diversité de la nature est un appel à la curiosité, que je considère comme une qualité lorsqu'elle vise à l'augmentation de la connaissance, et non comme un défaut. En dévoilant la richesse de la nature, l'ingéniosité des lois de la physique et l'immensité du cosmos, la science nous permet d'admirer d'autant mieux l'œuvre du Créateur. Si, comme le philosophe Benoît Spinoza, nous considérons que l'Esprit est présent en toutes choses, alors la découverte des mécanismes de la nature devrait nous rapprocher de lui.

Le lynx manque beaucoup plus souvent sa proie qu'il ne réussit à l'attraper.

La leçon, pour nos civilisations, de ce constat de diversité et de cohérence, consiste à cultiver les différences, à respecter et même à rechercher la diversité, à considérer celui ou celle qui est différent comme une richesse, comme un complément, à inclure l'autre, l'étranger plutôt que de l'exclure, à rechercher la paix et l'harmonie plutôt que la compétition et la domination. Même l'adversaire ou l'ennemi, celui ou celle qui m'a fait souffrir, ou qui a fait du mal à quelqu'un que j'aime fait partie du même ensemble que moi et porte quelque chose de moi en lui ou en elle. Lorsque l'on a compris que chaque pièce du puzzle de l'Univers est une expression momentanée et particulière du même Esprit, alors l'étranger devient familier, l'ennemi devient ami, le gêneur devient enrichissement, l'animal devient frère, la plante devient sœur et les ressources à exploiter deviennent des richesses à respecter et à ménager.

Respect, humilité et reconnaissance

Je rêve d'un pays dont le seul texte législatif serait une constitution d'un seul article : « Respecte-toi toi-même, respecte les autres et respecte la nature. » Réfléchissez aux situations concrètes que vous vivez et imaginez combien il serait simple de les vivre, de les faire progresser, de les dénouer si ces principes de respect étaient appliqués par toutes les personnes qui y sont impliquées. Le respect de tout ce qui nous entoure découle de l'unité de la nature. Nous faisons tous partie de la même histoire, de la même réalité, de la même Terre. Cette unité n'interdit pas les conflits, les tensions ni l'utilisation des ressources, l'abattage d'un arbre ou la mise à mort d'un animal. Toute la nature est un échange permanent entre espèces, avec l'eau, l'air, le sol et les minéraux.

Le respect n'est pas abstinence, mais retenue, attention et reconnaissance, clés de notre réconciliation avec la nature.

Le respect n'est pas abstinence, mais retenue, attention et reconnaissance, clés de notre réconciliation avec la nature. Il m'arrive de couper des arbres pour préparer du bois de chauffage. J'ai longuement côtoyé ces arbres, je les connais, je sais tous les animaux qui ont profité de leur feuillage, de leurs bourgeons, de leurs fleurs. Le plus souvent, je les taille en têtards afin qu'ils repoussent et que peu à peu, leurs troncs vieillis servent d'abri aux oiseaux cavernicoles et aux larves d'insectes. Le bois sèchera pendant deux ou trois ans devant la maison avant d'être brûlé pour réchauffer la famille et préparer de bons repas.

La pensée de l'arbre ne me quitte jamais tout au long de ce processus et il s'intègre complètement dans ma vie, en attendant que mes restes aillent nourrir les racines de ses frères ou de ses descendants.

Comme nous, les animaux ont des sensibilités, des émotions, de la mémoire, des projets. Les plantes aussi ont une vie individuelle. Ce qui semble étrange à la plupart des adultes est une évidence pour les jeunes enfants. La beauté, la fraîcheur, la candeur des animaux est l'expression immédiate de l'esprit, et il n'est pas étonnant que les enfants aient un rapport spontané d'amour et de compassion avec les animaux, dont ils se détournent progressivement lorsque la perfidie du monde des adultes les imprègne. Les enfants ont la même candeur que les animaux, qui ne connaissent du mal que celui que l'homme leur inflige. Comme les animaux, les enfants m'émeuvent profondément, et je ne supporte pas qu'on fasse aux uns ni aux autres du mal, qu'on exploite leur spontanéité, leur sincérité, leur fragilité, que l'on exerce sur eux des pressions psychologiques ou physiques, que l'on se moque d'eux, qu'on les rabaisse, qu'on les domine. L'animal sauvage est humble. Il est discret, se cache, fuit. Il ne prélève que ce dont il a besoin, jamais plus. Nous restreignons son espace, sa liberté, la diversité de sa nourriture et de son habitat, et nous le confrontons à la brutalité humaine. Combien d'animaux sont écrasés sur la route parce qu'ils ne comprennent pas la violence de nos automobiles, de loups pourchassés, haïs parce qu'ils prélèvent quelques moutons sur le territoire qu'on leur a volé, de sangliers abattus jusque dans les réserves naturelles parce qu'ils aiment le maïs destiné aux vaches et aux cochons, de baleines décimées pour leur viande et leur huile, d'éléphants massacrés pour leur ivoire ?

Les extraordinaires exploits de la science et des techniques nous donnent des moyens nouveaux de comprendre, d'exploiter et même de transformer la nature. Cette capacité prométhéenne a fait tourner la tête à certains et carrément fait perdre la tête à d'autres. Notre attitude est devenue arrogante et dominatrice au lieu d'être émerveillée et humble. Que l'homme nous dise *« sur quels fondements il a bâti ces grands avantages qu'il pense avoir sur les autres créatures »* demande déjà Michel de Montaigne au XVIe siècle. Nous ne sommes que des poussières d'étoiles. Plus nous découvrons les lois et les mécanismes qui régissent l'Univers, plus nous devrions nous émerveiller de l'œuvre du grand architecte et admettre que nous ne comprenons qu'une petite partie de cette réalité complexe et que nous partageons son passé, son devenir, ses causes et son sens avec les animaux, les plantes et toute la matière du cosmos. Soyons reconnaissants d'appartenir à cette immense famille, d'avoir le privilège de la découvrir dans sa diversité et sa complexité et de baigner avec elle tout entière dans le même Esprit.

La nature fonctionne par cycles

Rien ne se perd, rien ne se crée, tout se transforme. Chaque élément, chaque individu, chaque événement, tout dans la nature fait partie d'un ou de plusieurs cycles. La transformation permanente est une des règles fondamentales de la physique, de la chimie, de la vie et du cosmos. De nombreuses cultures ont intégré cette idée de cycles de vie ou de civilisation, avec des phases de développement et des phases de régression ou de destruction. Dans l'hindouisme, Shiva, dieu bienveillant, est à la fois le destructeur et le régénérateur du monde. Il n'y a aucune raison que nous échappions à cette règle fondamentale, dans nos vies et au-delà. C'est pourquoi le cycle des saisons est si inspirateur pour notre propre vie. La plénitude de l'été, suivie de l'endormissement de l'automne, qui n'a rien de triste puisqu'il nous offre les plus belles couleurs de l'année, comme une vieillesse heureuse jouit de toute la richesse d'une vie et permet de lâcher prise envers un avenir qui ne dépend plus de soi. La période froide et sombre de l'hiver, qui nous porte au calme, à la réflexion, à l'attente avant la renaissance du printemps.

Le poids des 10 millions de milliards de fourmis qui vivent sur la planète est équivalent au poids des humains. Elles mangent autant et déplacent des montagnes, mais elles ne laissent aucun déchet qui ne soit immédiatement absorbé par la nature. Les fourmis ont un énorme impact écologique. Elles déplacent jusqu'à 10 tonnes de terre par hectare et par an. Une seule colonie de formica polyctena mange 155 litres de miellat et 6 millions d'insectes en quelques mois. Une reine peut vivre jusqu'à 28 ans et donner naissance à 150 millions d'ouvrières, dont 2 à 3 millions vivent simultanément. Comment se fait-il que nos cousines aient développé une activité économique mondialisée, d'une dimension équivalente à celle des humains, sans qu'elle aboutisse aux destructions qui caractérisent la civilisation industrielle ? J'y vois trois raisons :

– les fourmis n'exterminent jamais une autre espèce et ne désertifient aucun territoire ;
– la nature recycle à 100 %, principalement en humus fertile, tous les produits de l'activité des fourmis ;
– la vie foisonnante des fourmis s'inscrit dans des cycles sans croissance globale, l'énergie solaire suffisant à compenser l'entropie.

Les fourmis modernes vivent depuis 50 millions d'années, les humains modernes depuis 50 000 ans. Il est probable que les êtres humains, leurs cultures et leurs confitures n'auront été qu'un bref épisode dans l'histoire des fourmis qui seront toujours là dans 50 millions d'années. L'homme est la seule espèce qui détruit des écosystèmes et fait disparaître des espèces en grand nombre, et qui produit des déchets chimiques et nucléaires qu'il faudrait isoler de la nature car ils sont toxiques pour les êtres vivants sur de longues durées.

L'observation de la nature nous invite à prendre la responsabilité de ne pas perturber, encore moins d'empoisonner ses cycles naturels, afin que toute la population humaine, les générations futures et l'ensemble des êtres vivants puissent bénéficier des bienfaits de la nature, d'eau propre, de sols généreux, de forêts protectrices, d'air pur et d'aliments sains. Tant que nous n'aurons pas renoncé à produire des substances susceptibles de s'accumuler dans la nature et de la polluer, nous devrions atteindre un recyclage à 100 % des ces matériaux afin de les réintégrer dans la nature ou dans le circuit industriel. Des taux record de 80 à 95 % de recyclage atteints pour les emballages de boissons, les appareils électroniques, le verre ou le papier en Suisse ne suffisent pas. Les couches de plastiques et de boîtes de conserve que l'on trouve dans la nature et les micropolluants qui perturbent la vie des poissons dans nos rivières et nos lacs sont bien la démonstration que nous n'assumons pas pleinement notre responsabilité. Il faut commencer à réduire, puis éliminer les produits qui ne peuvent pas être réintégrés totalement dans la nature ou dans le circuit industriel.

Croissance ou développement

La nature est dynamique : le soleil fait parvenir chaque année à la surface de la Terre des milliers de fois plus d'énergie que tout ce que les sociétés humaines utilisent et davantage d'énergie que toutes les réserves connues de charbon, de pétrole et de gaz. L'eau et le soleil forment un gigantesque moteur qui évapore chaque année 577 000 km^3 d'eau de la surface de la Terre et des océans. La biomasse produite chaque année par la croissance des végétaux sur la terre ferme est de 400 milliards de tonnes (120 milliards de tonnes de matière sèche), ce qui équivaut à 71 milliards de tonnes d'équivalent pétrole. Les vents et les tempêtes développent des puissances inimaginables, capables de tout dévaster sur leur passage là où les écosystèmes comme les forêts, les mangroves, les zones humides, les prairies ont été affaiblis, défrichés, asséchés. La nature recèle une infinie biodiversité qui s'est continuellement différenciée au cours des trois milliards et demi d'années de l'histoire de la vie sur Terre.

La nature nous enseigne un monde dynamique, créatif, très productif, en évolution permanente mais à croissance globale nulle.

La nature nous donne le modèle d'une économie stationnaire, la seule qui n'a jamais fait faillite dans ses milliards d'années d'existence. Cette économie a aussi été celle de l'humanité pendant la plus longue partie de son histoire. Le mariage de la science et de l'artisanat, fécondé par la pensée anthropocentrique, mécaniste puis positiviste a créé le mythe de la domination de la nature par l'homme et l'abandon du sacré, du respect des autres êtres vivants et du milieu naturel. Le dogme de la production et de la consommation a déclaré la guerre à la nature : forêts défrichées, minerais surexploités, productions agricoles intensives, pétrole et charbon brûlés, avec des conséquences dramatiques : destruction du tissu vivant, pollutions, tensions et guerres, famines et misère. C'est la société industrielle qui a inventé la croissance globale comme principe de fonctionnement, comme valeur suprême, au détriment de la nature : l'homme est la seule espèce qui détruit le milieu dont elle dépend.

La nature nous donne le modèle d'une économie stationnaire, la seule qui n'a jamais fait faillite.

Parmi les économistes qui sont à l'origine du libéralisme moderne, John Stuart Mill (1806-1873) exprime clairement les limites de la croissance, cent ans avant le Club de Rome. Voici quelques extraits de son livre *Les principes d'économie politique*, au chapitre « De l'état stationnaire », publiés par le journal *L'Écologiste*[16]. Je les cite largement, tant ils correspondent à ma propre pensée.

> *« Les chapitres précédents contiennent la théorie du progrès économique de la société dans le sens où on le comprend ordinairement, ce qui consiste en un accroissement des capitaux, de la population et des arts de la production. Mais lorsqu'on étudie un mouvement progressif qui n'est pas naturellement infini, l'esprit n'est pas satisfait d'embrasser simplement les lois de ce mouvement; il ne peut manquer de se poser la question : où*

tendons-nous ? À quel but définitif la société marche-t-elle avec ses progrès industriels ? Lorsque ces progrès cesseront, quelle sera la condition dans laquelle ils laisseront l'humanité ? Les économistes n'ont pas manqué de voir plus ou moins distinctement que l'accroissement de la richesse n'est pas illimité ; qu'à la fin de ce qu'on nomme l'état progressif, se trouve l'état stationnaire ; [...] Je ne puis éprouver pour l'état stationnaire des capitaux et des richesses cette aversion sincère qui se manifeste dans les écrits des économistes de la vieille école. Je suis porté à croire qu'en somme il serait préférable à notre situation actuelle. [...] J'avoue que je ne suis pas enchanté de l'idéal de vie que nous présentent ceux qui croient que l'état normal de l'homme est de lutter sans fin pour se tirer d'affaire, que cette mêlée où l'on se foule aux pieds, où l'on se coudoie, où l'on s'écrase, où l'on se marche sur les talons et qui est le type de société actuelle, soit la destinée la plus désirable pour l'humanité, au lieu d'être simplement une des phases désagréables du progrès industriel. [...] C'est seulement dans les pays arriérés que la croissance de la production a encore quelque importance. Dans ceux qui sont plus avancés, on a bien plus besoin d'une distribution meilleure dont la condition indispensable est une restriction du principe de la population. [...] Sans doute il y a place dans le monde et même dans les vieilles sociétés pour un grand accroissement de population [...] mais je ne vois guère, je l'avoue, de motifs pour le désirer. [...] Il n'est pas bon pour l'homme d'être toujours et malgré lui en présence de ses semblables : un monde dans lequel il n'y aurait pas de solitude serait un pauvre idéal. La solitude, c'est-à-dire une certaine mesure d'isolement, est la condition nécessaire de toute profondeur de pensée et de caractère, et la solitude en présence des beautés et de la grandeur de la nature est le berceau de pensées et d'aspirations qui sont non seulement bonnes pour l'individu, mais utiles à la société. [...] Il n'est pas nécessaire de faire observer que l'état stationnaire de la population et de la richesse n'implique pas l'immobilité du progrès humain. Il resterait autant d'espace que jamais pour toute sorte de culture morale et de progrès moraux et sociaux, autant de place pour améliorer l'art de vivre et plus de probabilités de le voir amélioré lorsque les âmes cesseraient d'être remplies du soin d'acquérir des richesses. »

Le cancer de la croissance a atteint la grande majorité des peuples de la Terre, malgré l'absurdité d'une telle idéologie. La rationalité scientifique du monde industriel devrait pourtant constater que la croissance continue dans un monde fini est simplement impossible, mathématiquement indéfendable. Deux économistes du XXe siècle ont introduit la notion d'entropie en économie, Kenneth Boulding (1910-1993) et Nicholas Georgescu Roegen (1906-1994), critiques à l'égard de leurs pairs néolibéraux. On attribue à tous les deux la phrase suivante : *«Celui qui croit qu'une croissance exponentielle peut continuer indéfiniment dans un monde fini est soit un fou, soit un économiste. »*

L'impossibilité d'une croissance continue dans un monde fini est valable aussi pour la population humaine. La nature connaît des dynamiques extraordinaires : des populations croissent à un rythme effréné avant de s'effondrer. Mes ruches contiennent cinq mille abeilles en hiver et cent mille en été, puis de nouveau cinq mille l'hiver suivant. La surface de la Terre est limitée, et le monde est plein, si bien que dans la nature pour chaque naissance, il y a une mort.

Lorsqu'une population échappe à cette règle, elle croît pendant un certain temps au détriment des autres mais elle finit par s'effondrer, ce qui arrivera fatalement à l'espèce humaine si elle ne parvient pas à stabiliser et à rééquilibrer sa population à un niveau plus faible qu'aujourd'hui. L'humanité s'est confrontée de nombreuses fois aux limites de son évolution. Des civilisations se sont effondrées parce qu'elles n'ont pas été capables de gérer leur croissance et la surexploitation des ressources disponibles qui en découlent. Lorsque je me suis promené sur les ruines de la ville de Shahr-e-Sukhteh (3200-2100 av. J.-C.) au Sistan Bélouchistan, au milieu d'une zone désertique autrefois humide et florissante, je n'ai pu m'empêcher de penser à l'étude de Jared Diamond[17], qui a constaté que les mécanismes d'effondrement des sociétés sont toujours les mêmes : une conjonction de croissance de la population, d'épuisement des ressources disponibles, de changement climatique qui accentue la pénurie et d'incapacité des sociétés de réagir à temps et correctement aux événements. Bien au contraire, la décadence des mœurs et l'incurie des autorités accélèrent encore l'effondrement par des exploits à contresens, comme ce fut le cas pour la fin de la civilisation de l'île de Pâques, précipitée par les rivalités entre clans qui ont mené une compétition par la construction de statues toujours plus imposantes, pour l'érection desquelles ils ont abattu les derniers arbres de l'île.

Le monde est plein, si bien que pour chaque naissance, il y a une mort.

La Terre supportait 500 millions d'êtres humains en 1800, 1,5 milliard en 1900, 3 milliards en 1960 et 6,5 milliards au début du XXIe siècle. Cette croissance démographique semble inéluctable et dès qu'un ralentissement se fait sentir, les autorités politiques et les dirigeants économiques s'inquiètent : qui va travailler pour financer la retraite des personnes âgées, qui va assurer la croissance de nos affaires, de nos ventes, de nos bénéfices ? Ces gens oublient que la croissance de la population humaine et de sa consommation se fait au détriment d'un capital qui diminue, celui de la nature et de ses ressources. Thomas Malthus (1766-1834) a très tôt compris le dilemme que représente une croissance exponentielle de la population dans un contexte de croissance arithmétique de la disponibilité des ressources. Ses prédictions ont été retardées par l'augmentation de la capacité de production agricole et industrielle, dont on se rend compte trop tard qu'elles ont un impact négatif sur les ressources naturelles, le sol et l'eau. Robert

Hainard (1906-1999) a mis en garde contre les dangers que fait courir à la planète une croissance démographique incontrôlée. Déjà Épictète, au Ier siècle après Jésus-Christ, avait exprimé cette idée des limites de la croissance. Il écrit que si personne ne veut se retirer de la fête du monde, il deviendra trop petit : *« Si les premiers ne s'en vont pas, que reste-t-il aux suivants ? Pourquoi es-tu insatiable ? Pourquoi n'es-tu jamais satisfait ? Pourquoi rétrécis-tu le monde[18] ? »*

Dans 100 ans, tous les êtres humains vivant aujourd'hui auront disparu, à quelques centenaires près. Il suffirait de n'en remplacer qu'un sur deux pour aboutir à une population humaine de trois milliards d'humains, que l'on pourrait stabiliser à ce niveau. Il est parfaitement possible de revenir à une population humaine plus compatible avec la nature, sans éliminer personne. Chacune et chacun vivrait beaucoup mieux et l'humanité aurait des chances de survivre encore quelques millénaires au lieu de disparaître dans l'effondrement général qu'elle prépare. Je ne propose pas de recette miracle, encore moins de mesures coercitives pour y parvenir, mais au moins ne faut-il pas faire le contraire en encourageant activement la croissance de la population, et il faut se réjouir lorsque les taux de natalité fléchissent. Certains indices laissent apparaître que le niveau de développement influence clairement la natalité, dans le sens d'une diminution au-dessous de deux enfants par couple. C'est le cas dans les pays industrialisés du Nord, mais aussi de plus en plus dans d'autres pays comme le montre le cas de l'Iran, pays où la natalité est passée en vingt ans de 6 enfants par femme à 1,9. Il faut encourager cette tendance en favorisant les familles qui comptent jusqu'à deux enfants et laisser le choix de familles plus nombreuses aux couples particulièrement généreux, pour lesquels il s'agit d'un choix de vie et qui en assument pleinement la responsabilité. Le père yéménite qui prostitue sous le couvert du mariage sa fille de dix ans parce qu'il ne peut assumer l'éducation de ses seize enfants est un criminel. La nature, des techniques efficaces et des énergies renouvelables offriraient à une population humaine stabilisée à 3 milliards d'individus des conditions de vie idéales, un haut niveau de culture pour tous, une grande liberté de choix, un cadre de vie paradisiaque et des conditions de paix, de solidarité et de diversité optimales.

Il n'y a aucune raison de maintenir la situation de croissance et de compétition actuelles qui dévastent la nature, abandonnent la moitié de l'humanité à la pauvreté, la maladie et la famine et suscitent continuellement de nouveaux conflits, des guerres et des souffrances.

Joie et sérénité

La nature est un hymne à la joie. Dans mon troupeau de moutons Roux du Valais, les agneaux découvrent la vie, prennent conscience de leur liberté de mouvement quelques heures après leur naissance, sautent, parfois sur place, se bousculent les uns les autres, se reniflent puis s'échappent dans une course effrénée en cercle, avant de grimper sur le dos de leur mère qui rumine, ou de rester cois face à une poule aussi grande qu'eux. Ils me communiquent leur joie de vivre. L'enlacement nuptial des couleuvres d'Esculape dans mon jardin, le saut de l'écureuil d'une branche à l'autre, les chuintements amoureux de la chouette hulotte dans le grenier, le chant du rossignol durant les chaudes nuits de printemps, le trot du renard en chasse, l'attente concentrée du lynx qui a aperçu un chevreuil, le tambourinage du pic et le rire du torcol, les abeilles qui bourdonnent en avril dans le buis, en juin dans le tilleul et en octobre dans le lierre, la danse nuptiale des milans noirs, en mars, qui sifflent et dessinent des arabesques dans le ciel, plongeant pour reprendre ensuite leur vol, ou encore les parades nuptiales des grues de Sibérie, toutes ces manifestations de la nature expriment l'intensité, la diversité, la volonté et la joie de vivre. Stoïciens, les animaux vivent le moment

Il n'y a aucune raison de maintenir la situation de croissance et de compétition actuelles qui dévastent la nature.

présent, pleinement, sans souci de l'avenir. Les perturbations provoquées par une menace, un prédateur sont de courte durée ; le calme revient très vite après le passage du faucon pèlerin, du lynx ou de la lionne. Les animaux malades ou blessés se retirent à l'écart du troupeau et meurent rapidement, en quelques heures ou en quelques jours. La nature nous appelle à la joie, à nous débarrasser de nos soucis, à vivre avec reconnaissance et sérénité le moment présent.

Sobriété et générosité

Il y a apparemment une contradiction entre sobriété et générosité. Pourtant ces deux réalités forment un tout cohérent. Dans la nature, il y a foisonnement, générosité, mais jamais gaspillage. Chaque individu n'utilise que ce dont il a besoin. Une espèce croît ou décroît selon l'évolution de son environnement, mais elle ne détruit pas son milieu, ni les espèces dont elle dépend et elle ne laisse aucun déchet qui ne soit récupéré par d'autres. Les prédateurs adaptent leur fécondité à la nourriture disponible ou alors, lorsque leur population devient trop abondante, elle est réduite par la famine ou les maladies bien avant que leurs proies disparaissent.

Regardez un cerisier en fleurs. Des milliers de fleurs sur un seul arbre qui produira des milliers de cerises, dont les noyaux aboutiront à un seul arbre tous les vingt à cent ans pour le remplacer. Pourquoi ce foisonnement qui confine au gaspillage ? Par son exubérance, le cerisier se rend utile à des dizaines d'espèces d'insectes, d'oiseaux, de mammifères, d'êtres humains, sans compter les millions d'organismes du sol qui vont recycler toute cette production pour en faire de l'humus fertile. Rien n'est perdu. Il exprime la beauté de la Création, la générosité de la nature, la joie de vivre.

En regardant les cerisiers en fleurs, je rêve d'une autre civilisation. Nous pourrions changer complètement de système, chercher à intégrer chacune de nos actions dans les cycles de la nature,

Robert Hainard, Hulotte en éveil. *Nant des Crues (Cartigny, Genève), 4.7.1969. Fini d'imprimer 22.9.1970 (© Fondation Hainard).*

éliminer de nos vies tout ce qu'elles ne peuvent pas recycler, conserver de vastes espaces naturels et veiller avec amour sur la diversité des toutes les espèces, partager, donner sans compter, par fraternité avec chaque élément de la nature. Le cerisier en fleurs est un appel à la confiance, à la joie, à la générosité, au respect. Et si nous plantions un cerisier dans le jardin de notre cœur!

En regardant les cerisiers en fleurs, je rêve d'une autre civilisation.

L'un des milieux biologiques les plus riches en espèces, les plus dynamiques dans la création de matière végétale et animale est la forêt tropicale humide. Sous des conditions climatiques extrêmes, elle filtre l'eau, stabilise le climat, prévient contre les inondations, les sécheresses et l'érosion. Elle fait tout cela sans production de déchets, et sans autre énergie que l'énergie solaire. Le système est sobre mais riche, abondant, joyeux, généreux. La sobriété n'est pas sacrifice, privation, mortification, cilice. Elle est retenue, joie, attention et partage. Elle est source d'indépendance, de liberté. De nombreux exemples montrent que la sobriété peut se décliner avec bonheur, joie, plaisir, d'une qualité bien supérieure au gaspillage d'une société superficielle et artificielle. Une tournée à vélo en famille dans une région campagnarde apportera infiniment plus de joie qu'un voyage express en avion à l'autre bout de la planète dans un hôtel standardisé. Une gastronomie naturelle, basée sur les produits locaux, sera plus saine et plus savoureuse qu'une nourriture recomposée dans des laboratoires industriels, mêlant poulet chinois et soja brésilien. Est sobre celle ou celui qui recherche des satisfactions pleines, joyeuses et durables, qui partage généreusement, ne gaspille pas, ne détruit pas, ne salit pas. Celui qui déguste un bon vin avec des amis est un sobre joyeux et convivial, celui qui s'enivre et abandonne ses boîtes de bière dans la nature ne l'est pas. Avec la sobriété, les choses simples deviennent plus belles, elles ont davantage de goût : un fruit mûr, une promenade à pied, les beautés de la nature, la connaissance, la culture, la jouissance des choses authentiques, l'amitié vraie, la complicité avec les autres, l'acceptation du présent, l'intérêt pour ce qui est différent, l'épanouissement, le bien-être, toutes ces réalités peuvent croître sans rien détruire. Vous pouvez les donner, les partager indéfiniment, sans rien perdre.

La conscience

Au moins deux philosophes, Gottfried W. Leibniz (1646-1716) et Robert Hainard (1906-1999), ont suggéré qu'une pierre pourrait bien avoir la conscience totale, plus complète, plus universelle que celle d'un être humain. Le raisonnement tient debout. En effet, nos sens ne perçoivent qu'une sélection très étroite des messages de l'Univers : les yeux ne prennent que la lumière, les oreilles que les sons, la peau la chaleur et le toucher, la langue le goût, et tout cela nourrit notre cerveau qui analyse, classe puis synthétise une vision du monde reconstruite, partielle. La raison réduit notre capacité de percevoir la globalité, la réalité dans son ensemble, que nous percevons mieux par nos sentiments, nos émotions et la méditation.

Une pierre reçoit toutes les impressions sans les filtrer. Elle est donc davantage que nous en prise directe avec l'Univers entier. Il me semble bien qu'elle a aussi une âme. Si nous admettons que le grand Esprit, le Créateur ou Dieu baigne en toutes choses, ou comme Spinoza le pense, est toutes choses, alors il va de soi que le caillou, la plante et l'animal sont comme l'homme un élément de la conscience universelle. Depuis que je me suis fait cette réflexion, je ne vois plus les pierres de la même façon. Et pour méditer, je me fais parfois caillou.

Liberté et responsabilité

Les plantes et les animaux ont développé des stratégies de défense de leur propre vie et d'adaptation aux changements de leur environnement. Il s'agit même de l'un des facteurs de l'évolution et de la diversification de la biodiversité. Le phénomène est particulièrement fort en forêt tropicale humide où la diversité des espèces au kilomètre carré et le degré d'endémisme, c'est-à-dire le nombre d'espèces que l'on ne trouve que dans une région, sont très élevés. Il y a, inscrit dans la nature, un élan de survie et d'adaptation tant au niveau des individus que des espèces et même de tout un écosystème. Sans cette « volonté » de vivre, la nature aurait vraisemblablement disparu depuis longtemps, ou elle serait réduite aux micro-organismes. Les plantes ont peu de choix dans leur existence. Elles se développent dans le cadre du sol, du climat et du message génétique qui leur sont donnés, mais elles n'ont pas de choix de lieu, de nourriture, d'action. Les animaux, par leur mobilité, ont davantage de choix. Ils peuvent fuir, se cacher, faire des réserves, utiliser des outils, choisir un compagnon ou une compagne et lui rester fidèle, ou non. La diversité est grande dans le monde animal, mais à l'intérieur d'une espèce, les choix sont limités : le cheval est un animal grégaire avec une stratégie de fuite alors qu'un autre animal grégaire, le lycaon a une stratégie d'attaque. D'autres vivent en solitaires, en familles ou en groupes, mais au sein d'une espèce, la stratégie est toujours la même.

L'une des originalités les plus spectaculaires de l'être humain est certainement la liberté de choix. Nous pouvons nous poser la question de la réalité de notre libre-arbitre. Jusqu'à quel point ne sommes-nous pas conditionnés par le monde extérieur, l'expérience ou notre propre constitution, notre code génétique ? En observant l'histoire, et ma propre histoire, je suis convaincu que nous avons une véritable liberté de choix. Dans toutes les situations, je n'ai pas un pouvoir absolu sur le cours des événements, mais je peux faire le choix entre une décision négative, égocentrique, maléfique, ou un pas vers le mieux, vers la paix, vers le bien pour moi-même et les autres. Faisons quelques exercices pour nous en convaincre. Essayons de revivre par la pensée un moment crucial de notre vie. Quand, comment et pourquoi ai-je fait ce choix ? Ferais-je le même aujourd'hui ? Pourquoi ? Puis faisons aussi l'exercice d'imaginer demain, une situation, un dilemme, une rencontre : comment vais-je me comporter ? Comment vais-je décider ? Ces expériences ne constituent pas des preuves de notre autonomie réelle, mais elles nous montrent tout de même que nous sommes capables de choix, et non seulement de choix de survie, mais de choix moraux, en fonction de nos convictions, de nos connaissances, de notre expérience, de notre égoïsme ou de notre altruisme. Par nos choix, nous pouvons aussi changer nos comportements dans la durée, acquérir des réflexes et des comportements compatibles avec nos convictions morales. Sans cette possibilité de choisir, nous ne serions pas capables d'efforts pour changer le cours des choses. Nous prendrions toujours le chemin le plus court, le plus simple. Même dans leur lutte pour la vie et dans leur force de diversification, les animaux et les plantes, à titre individuel, feront toujours le même choix dans des circonstances identiques, alors que l'homme adaptera son comportement et fera de nouveaux choix pour atteindre son but. C'est cette capacité de choix qui est à la base de la diversité des civilisations.

L'être humain se pose des questions philosophiques sur l'Univers, la vie et lui-même : d'où est-ce que je viens ? Pourquoi suis-je ici ? Quel est mon rôle dans cette vie ? Quelle est ma place dans l'évolution de l'Univers ? Qu'est-ce qui m'attend après la mort ? Il est probablement le seul à se poser ces questions bien que sur ce point, nous ne sachions rien de la conscience des animaux. Les animaux sont doués de mémoire, ils sont donc vraisemblablement capables de projets, et pourquoi pas de questions existentielles ? Ils n'ont pas notre langage pour nous le dire. La capacité intellectuelle et la liberté de choix dont dispose l'être humain lui donnent toutefois un rôle particulier dans le monde vivant. C'est ainsi qu'il peut s'intégrer dans la nature ou créer un monde artificiel, gérer les ressources ou les épuiser, entretenir des écosystèmes et en tirer des ressources ou les surexploiter et les détruire, coopérer avec ses semblables ou les dominer, les exploiter et les réduire à l'esclavage. Il est le seul être capable de choisir de détruire son écosystème et la planète entière ou de les gérer durablement, voire d'en augmenter la beauté et la productivité. Puisque l'homme peut faire ces choix, il porte une responsabilité particulière vis-à-vis de la nature. Lorsque nous agissons, nous devons réfléchir aux conséquences de nos actions. Puisque nous échappons, partiellement et à court terme, à certaines régulations de la nature, nous devons d'autant plus respecter son intégrité. Le pape Jean-Paul II partageait cette vision :

> *« Il importe de prêter attention à ce que la terre et l'atmosphère nous montrent : il existe dans l'Univers un ordre qui doit être respecté; la personne humaine, douée de la capacité de faire des choix libres, est gravement responsable de la préservation de cet ordre, notamment en fonction du bien-être des générations futures. La crise écologique – je le répète encore – est un problème moral*[19]*. »*

Les Indiens Dakota disaient qu'avant de prendre une décision, il faut réfléchir à ses conséquences sur les sept prochaines générations. Assez proches de la nature pour s'être rendu compte que leurs activités pouvaient lui causer des dommages importants, ils sont les inventeurs du développement durable.

La liberté qui permet de choisir suppose la responsabilité. La liberté dont nous disposons est liée à une responsabilité vis-à-vis des autres êtres humains et de la nature. Liberté et responsabilité sont les deux faces d'une seule réalité. Chaque fois que nous affirmons ou exerçons une liberté, un droit, nous devons l'associer à une responsabilité, un devoir. Une liberté sans responsabilité, un droit sans devoir conduisent à des déséquilibres, à des souffrances, à des destructions. Notre responsabilité est encore plus grande envers les animaux domestiques parce nous les avons rendus dépendants de nous : nous sommes, dès lors, responsables d'eux et tenus de les nourrir, de leur donner de bonnes conditions de vie, de les soigner.

L'amour donne un sens à l'Univers

L'état de nos connaissances nous montre un Univers dont la phase actuelle a commencé il y a 13 milliards d'années. Nous ne savons rien de ce qu'il y avait avant, ni de ce qu'il y aura après : néant, progression linéaire, cycles de création et de destruction du monde? Pendant ces 13 milliards d'années, il y a eu une évolution permanente, caractérisée par une diminution de l'entropie de certaines parties du système : la spécification des systèmes cosmiques et l'apparition et l'évolution de la vie, au prix d'une augmentation de l'entropie de l'ensemble du système, l'expansion de l'Univers. Cette complexification donne une direction à l'évolution de l'Univers, un sens à la vie. Chaque vie individuelle a un début et une fin. Il y a un sens à l'évolution de l'Univers. Le temps est une réalité. Il y a un avant et un après. Comment peut-on imaginer un Dieu pour lequel le temps n'existerait pas, alors que le temps est si important pour toutes ses créatures?

La liberté qui permet de choisir suppose la responsabilité.

Le sens de l'Univers pourrait bien être donné par l'amour. Je constate que la haine n'existe pas dans la nature. Aucun animal ne tue ou ne fait souffrir par plaisir. Les seuls animaux qui peuvent montrer des comportements déviants sont ceux qui sont au contact de l'homme. Leur dépendance et les frustrations qu'ils subissent peuvent conduire à des comportements aberrants ou agressifs. L'amour est biologiquement né avec l'invention de la reproduction sexuée. La nature a inventé la complémentarité des sexes pour à la fois assurer la différenciation des espèces et garantir à l'intérieur une diversité génétique garante de durabilité. Cette loi fondamentale du monde vivant a pris, au cours de l'évolution, des formes extrêmement variées :

parades nuptiales, chants, couleurs, odeurs, fidélité ou polygamie, soins aux jeunes, vie en famille, protection ou au contraire élimination des plus faibles.

Mais l'amour est beaucoup plus que cette fonction biologique. L'amour, c'est la fraternité qui relie tous les éléments de la vie et du cosmos. L'amour est le seul vrai sens que je trouve à la vie, la seule valeur qui dépasse la vie limitée que nous menons. Ni les biens que nous accumulons, ni le culte de notre personnalité, ni les conquêtes prestigieuses ne nous survivront. Tout ce qui est matériel finira en compost, en poussière ou en illusion. Pourtant, la richesse de la vie, sa beauté, son foisonnement, sa gaieté ne peuvent pas être juste le jeu d'un caprice momentané du Créateur. Et cependant, elle va disparaître tôt ou tard. Alors quel est le sens de tout cela? Vaut-il la peine de vivre, pire encore de souffrir, si cette vie est si éphémère? Que va-t-il rester de notre vie, de nos efforts, de nos émerveillements, de nos tristesses, de notre solidarité, de nos réflexions, de nos actions?

La seule valeur permanente, immortelle, c'est l'amour.

La seule valeur permanente, immortelle que je puisse imaginer c'est l'amour. Dès que je pose cette vérité, tout s'éclaire. L'amour commence par la paix intérieure, le respect et l'acceptation de moi-même, de mon propre projet de vie, l'abandon de mes peurs, de mes frustrations. Cette acceptation procure la joie de vivre, le sentiment à chaque instant que mon potentiel est immense, quels que soient mes insuffisances, mes handicaps, mes erreurs passées. L'amour, c'est ensuite la diversité, l'intérêt pour ce qui est différent, le sentiment d'appartenir à un ensemble vivant multiple et cohérent. De là vient l'idée de la complémentarité : je suis unique; l'autre – humain, animal, végétal ou minéral – aussi et ensemble, nous sommes davantage. J'en tire les valeurs de la curiosité pour l'autre, de la solidarité avec celui ou celle qui a de la peine, le partage de ce que j'ai la joie d'être ou d'avoir. L'amour, c'est encore l'admiration, le bonheur ressenti dans la réussite de l'autre, c'est bien sûr le respect pour tout ce qui vit, tout ce qui est, jusqu'au paradoxe de respecter ceux qui font du mal, ceux qui me font du mal. C'est la joue gauche que le Christ nous demande de tendre lorsque l'on a été frappé à la joue droite. L'amour, c'est encore la confiance en soi, en son propre destin, en son rôle sur Terre, c'est l'acceptation de ce que nous sommes, de ce qui nous arrive, c'est le pardon pour ses propres erreurs et pour celles de l'autre.

Nous traversons la vie en chargeant et en déchargeant notre capital d'amour selon ce que nous faisons. Le réservoir dans lequel s'accumule ou d'où s'échappe cet amour pourrait bien être l'âme qui retournera à Dieu, après notre mort, avec le fruit de nos récoltes d'amour. L'amour serait ainsi l'énergie qui relie, la voie de communication entre le corps et l'esprit, entre notre vie éphémère et notre être éternel. L'amour est la substance fondamentale de l'être, notre seule réalité durable, et finalement notre seule raison de vivre. J'ai trouvé chez André Comte-Sponville une synthèse athée lumineuse de la même conviction :

> *« Ce n'est pas parce que la vie a un sens qu'il faut l'aimer; c'est dans la mesure où nous l'aimons qu'elle a, pour nous, du sens. C'est dire que l'amour est plus haut que la vie, et plus important que le sens. Tel est, pour l'athée que je suis, le vrai message des Évangiles*[20]. »

Le mal

La souffrance et l'échec existent dans la nature. Des animaux souffrent, des sécheresses et des inondations tuent et détruisent, des phénomènes climatiques ou cosmiques ont provoqué des catastrophes planétaires, comme la disparition des ammonites il y a 200 millions d'années, ou celle des dinosaures il y a 70 millions d'années, et toute la chaîne alimentaire est basée sur la mort des uns pour la vie des autres.

La nature nous apprend donc à accepter la douleur, la maladie, l'échec. Mais on n'y trouve jamais l'acharnement qu'ont mis les humains tout au long de leur histoire à se dominer les uns les autres, à se torturer, à prendre du plaisir à faire mal, à éliminer celui ou celle qui dérange ou encore à élever des animaux en batterie. C'est la liberté de choix entre le bien et le mal qui semble ne pas exister dans la nature. C'est avec l'homme, avec sa liberté, que le mal est apparu.

Cette liberté de choisir le bien est même la seule explication rationnelle à l'existence du mal. Car si le mal n'existe pas, alors je ne peux pas choisir librement de faire le bien. Le mal est ainsi le prix de notre liberté. Sans la possibilité de faire le mal, je n'ai pas le choix entre le bien et le mal et je retourne à l'état animal. C'est bien à cause de la spécificité de l'homme que le mal existe. Grand mystère qui suggère un plan plus élevé et plus lointain que nos propres vies. Probablement faut-il même un peu plus de mal que de bien dans la balance pour que l'homme puisse exercer sa liberté, bien que parfois je soupire en me disant : il pourrait tout de même y avoir un meilleur équilibre, car la famine et la souffrance des plus pauvres et des enfants n'apportent rien à ma liberté. Peut-être ne sommes-nous simplement pas suffisamment généreux pour que cela change.

Cette liberté de choisir le bien est la seule explication rationnelle à l'existence du mal.

Est-ce que l'humanité est capable d'évoluer et de choisir le bien pour accéder collectivement à un niveau supérieur, à la fusion avec l'Esprit, au point Omega où, selon le concept de Pierre Teilhard de Chardin, l'humanité et le Christ, moteur surnaturel du monde, convergeront et se révéleront comme ne faisant qu'un ? L'humanité donne plutôt l'impression de sombrer, de détruire à l'inverse de l'élan créateur. Mais peut-être qu'au lieu d'être à la fin, nous ne sommes qu'au début de l'humanité, à peine 50 000 ans après son apparition, avec une perspective de vie de 5 milliards d'années ? Quel que soit notre passé, quels que soient nos échecs, nous pouvons commencer à tout instant à faire que le bien règne sur le mal, et à créer peu à peu autour de nous une première communauté, un premier réseau de personnes qui veulent y parvenir.

La mort, et après?

L'observation de la nature nous montre que la vie est un exercice limité dans le temps, éphémère. Nos vies sont matériellement peu de chose. En regard de l'histoire du cosmos et de celle de la Terre, nous faisons un passage rapide, et parmi les milliers de milliards de galaxies qui contiennent chacune mille milliards d'étoiles, que sommes-nous?

Toute vie commence par une naissance et finit par une mort. En moyenne, toute naissance a besoin d'une mort pour éviter la surpopulation et l'épuisement des ressources. Le système solaire lui-même est né sous sa forme actuelle il y a cinq milliards d'années et il mourra dans cinq milliards d'années. Nous ne savons pas ce qui suivra notre mort ni celle de l'Univers. Que nous ayons ou non des convictions religieuses, nous devons chercher le sens de notre vie dans cette vie. Robert Hainard écrit : *« La religion, c'est la plénitude de notre contact avec le monde. C'est la fraternité, la réciprocité avec toutes les choses*[21]. » Cette vision est proche de celle de Pierre Teilhard de Chardin, « *et je me demande si cette parousie ne sera pas la découverte que le Christ est le Monde*[22] ».

Je lis dans le livre de l'automne un message très important. Tout finit par mourir, pour renaître, dans les cycles annuels de la nature, dans les cycles de vie de chaque individu, dans le cycle de l'Univers. Le bourgeon, la graine, le tubercule, la racine, la nature a inventé mille solutions pour mourir et renaître. J'accompagne le vieux peuplier devant la maison en toute saison et lorsqu'au printemps, le vieux sage renaît de milliers de feuilles fraîches comme lors de la première sortie de la graine originelle deux cents ans plus tôt, il me dit qu'il ne faut jamais perdre espoir et que derrière chaque échec, chaque difficulté, chaque mort, il y a une renaissance. Le temps vrai s'étend au-delà de nos soucis quotidiens et même de nos douleurs plus profondes. Nos vies sont brèves, et pour beaucoup douloureuses : elles sont forcément inscrites dans un plan plus large. « *Nous sommes des taupes qui ne voyons que le court terme sur Terre. Dieu, lui, voit l'éternité.* » (Sœur Emmanuelle[23])

En contemplant le monde premier, la Nature, je vois comme dans un miroir la nouvelle harmonie du monde dernier, et j'en tire les forces pour le construire.

quatre

La méditation dans la nature

Retrouver l'être profond qui est en nous et son identité avec l'Esprit dans lequel baigne l'Univers. Vingt suggestions pour entrer en méditation dans la nature.

Le bonheur nous envahit au moment où nous sommes détachés de tout. Vient alors un sentiment d'harmonie, d'appartenance à l'éternel, une douce complicité avec l'Esprit, un lâcher-prise et une fusion dans le souffle créateur.

J'ai vécu cette situation à l'extrême au moment de me rendre en salle d'opération le 22 mai 2007. Deux semaines après être tombé de cheval à cause d'un malaise, j'allais être opéré d'une tumeur au cerveau. J'ai eu quinze jours entre le malaise et l'opération pour mettre en ordre mes affaires et surtout pour parler avec mon fils Vincent, 27 ans, et ma fille Lea, 10 ans. Nous étions tous conscients que je pouvais mourir ou ressortir gravement handicapé de l'opération. Puisque la vie ne m'avait pas demandé mon avis pour me donner naissance, elle n'allait pas me consulter sur le moment de ma mort. Je n'étais donc plus responsable de rien, et je pouvais me laisser aller dans les bras de la vie, du Créateur et des chirurgiens. J'ai ressenti une grande légèreté, un détachement total. Plus rien ne dépendait de moi, pas même l'avenir de mes enfants. Devant la grande porte, j'étais prêt, en toute sérénité.

J'atteins aussi cet état de plénitude, de sérénité, de bonheur dans ma fusion avec la nature, où je retrouve le même souffle, la même unité, la même lumière intérieure. C'est cela que vivent les mystiques : une paix intérieure qui nous relie à la nature, c'est-à-dire à Dieu[1]. La méditation est une expérience mystique qui permet d'accéder à la connaissance intuitive. Elle crée le contact immédiat avec l'esprit, sans passer par une démarche rationnelle. Jean-Jacques Rousseau décrit une démarche analogue lorsqu'il retrouve la pureté de l'homme primitif au fond de lui-même.

> *« D'où le peintre et l'apologiste de la nature aujourd'hui si défigurée et si calomniée peut-il avoir tiré son modèle, si ce n'est de son propre cœur ? Il l'a décrite comme il se sentait lui-même. Les préjugés dont il n'était pas subjugué, les passions factices dont il n'était pas la proie, n'offusquaient point à ses yeux comme à ceux des autres ces premiers traits si généralement oubliés ou méconnus. Ces traits si nouveaux pour nous et si vrais, une fois tracés, trouvaient bien encore au fond des cœurs l'attestation de leur justesse, mais jamais ils ne s'y seraient remontrés d'eux-mêmes si l'historien de la nature n'eût commencé par ôter la rouille qui les cachait. Une vie retirée et solitaire, un goût vif de rêverie et de contemplation, l'habitude de rentrer en soi, et d'y rechercher dans le calme des passions ces premiers traits disparus chez la multitude pouvaient seuls les lui faire retrouver[2]. »*

L'approche méditative peut être progressive, de la réflexion à l'extase. La pensée, qui est une réflexion active de notre cerveau, nourri par nos sens, apprend, analyse, déduit, relie, critique, projette, planifie et prend position. La pensée peut être élevée, généreuse, visionnaire, sentimentale, mêlée d'intuition et d'irrationnel, mais elle devient vite un obstacle à la méditation pure car elle empêche le silence intérieur et la sérénité nécessaires à son exercice.

La rêverie, telle que Jean-Jacques Rousseau l'a pratiquée, consiste à laisser sa pensée errer sans contrainte. Elle échappe à un contrôle strict de notre volonté, mais n'en est pas moins souvent influencée par tout ce que nous avons vécu, et par ce que nous apportent nos sens. La rêverie nous libère des pressions. Elle laisse naître des concepts inattendus, elle calme, permet de voir des incohérences, de prendre des raccourcis. Elle permet de s'envoler vers des horizons que la raison nous empêche d'imaginer. La rêverie est une étape vers la méditation. Dans la cinquième promenade des *Rêveries du promeneur solitaire*, Rousseau décrit ainsi ces moments :

> *« Mais il est un état où l'âme se trouve une assiette assez solide pour s'y reposer tout entière et rassembler là tout son être, sans avoir besoin de rappeler le passé ni d'enjamber sur l'avenir; où le temps ne soit rien pour elle, où le présent dure toujours sans néanmoins marquer sa durée et sans aucune trace de succession, sans aucun autre sentiment de privation ni de jouissance, de plaisir ni de peine, de désir ni de crainte que celui seul de notre existence, et que ce sentiment seul puisse la remplir tout entière; tant que cet état dure, celui qui s'y trouve peut s'appeler heureux, non d'un bonheur imparfait, pauvre et relatif, tel que celui qu'on trouve dans les plaisirs de la vie mais d'un bonheur suffisant, parfait et plein, qui ne laisse dans l'âme aucun vide qu'elle sente le besoin de remplir. Tel est l'état où je me suis trouvé souvent à l'île de Saint-Pierre dans mes rêveries solitaires, soit couché dans mon bateau que je laissais dériver au gré de l'eau, soit assis sur les rives du lac agité, soit ailleurs, au bord d'une belle rivière ou d'un ruisseau murmurant sur le gravier[3]. »*

La méditation proprement dite consiste à faire le silence en nous, à nous débarrasser de nos soucis, de nos préoccupations, de nos souvenirs et à entrer en contact direct avec l'esprit qui nous inonde. Méditer, c'est s'ouvrir au message, à l'énergie de l'Esprit, de Dieu, pour galvaniser notre être dans sa direction. Il existe une infinité d'écoles et de techniques de méditation, mais chacune et chacun de nous peut méditer, sans avoir été formé et surtout sans adhérer à une secte quelconque. Je n'ai pas eu de maître pour m'enseigner la méditation. Un peu de yoga, d'auto-hypnose, de reiki et beaucoup d'exercice m'ont permis de développer ma capacité d'entrer en méditation. Cela ne fonctionne pas toujours, parfois seulement partiellement ou brièvement. Ce n'est pas grave. Il faut recommencer, et surtout chercher un moment et un lieu qui nous permettent d'être calmes. Le plus souvent, la perturbation vient de l'intérieur de nous-mêmes. Il peut être utile de faire une longue promenade avant de méditer, ou de lire, afin de calmer tout ce remue-ménage intérieur. Le chant, ou des sons, comme le fameux « OM », son fondamental des mystiques de l'hindouisme et du bouddhisme, permettent de nous mettre en bonne disposition pour méditer.

J'ai souvent utilisé la méditation pour prendre une décision délicate.

J'ai souvent utilisé la méditation pour prendre une décision délicate. Après avoir soigneusement étudié les données disponibles et les arguments en faveur et en défaveur d'une solution, j'ai pris le temps d'une rêverie puis d'une méditation, puis j'ai laissé passer une nuit et, le lendemain matin, la solution était claire, définitive. C'est ainsi que j'ai procédé lorsque j'ai dû prendre la première décision d'autorisation d'expériences en plein champ avec des organismes génétiquement modifiés. La loi n'était pas encore claire et les pressions des milieux économiques d'un côté et des milieux écologistes de l'autre étaient très fortes. J'ai refusé ces autorisations et j'ai reçu une volée de critiques très sévères, qui ont été jusqu'à remettre en question ma fonction de directeur de l'Office fédéral de l'environnement, des forêts et du paysage. Le processus de ma décision m'avait toutefois donné une colonne vertébrale solide, une assurance qui a impressionné mes adversaires, et je n'ai jamais douté de ma décision, même au cœur de la tempête médiatique et politique qu'elle avait soulevée.

La méditation dans la nature m'a beaucoup aidé dans des moments difficiles, lorsque j'ai approché une situation de désespoir, avec le sentiment d'être incompris, d'être l'objet de reproches injustes et d'être sous la pression d'attentes trop fortes pour mes capacités du moment. Non seulement la méditation m'a alors appris à retrouver la sérénité, la paix intérieure et même la joie de vivre, mais elle m'a de plus permis de ressentir les autres différemment, d'accepter leur attitude injuste et leur agressivité à mon égard. La méditation nous aide à accepter les situations que nous vivons et même à aimer celles et ceux qui ne nous comprennent pas et nous font du mal. Au sortir d'une méditation, la vie s'éclaircit, se dynamise et s'équilibre.

Méditer dans la nature

La méditation dans la nature acquiert une force particulière, puisque le contact avec l'Esprit y est doublement immédiat, au fond de nous-mêmes et au cœur de la nature. Écoutons encore Rousseau :

> «*J'allais alors d'un pas plus tranquille chercher quelque lieu sauvage dans la forêt, quelque lieu désert où rien ne montrant la main des hommes n'annonçât la servitude et la domination, quelque asile où je pusse croire avoir pénétré le premier et où nul tiers importun ne vînt s'interposer entre la nature et moi*[4]. »

L'identification avec la nature, avec les autres êtres vivants nous met en relation avec l'ensemble de l'Univers, avec l'Esprit universel. Il est important de rechercher des lieux particulièrement favorables à la méditation près de chez soi : un arbre, une prairie, un cours d'eau, un rocher, un paysage. La tranquillité, le silence aident à entrer en méditation, mais les lieux calmes deviennent rares. Je suis particulièrement sensible au bruit, en particulier aux bruits intempestifs qu'il serait facile d'éviter, comme le bruit des motos, des voitures ronflantes et des haut-parleurs utilisés à tort et à travers pour des manifestations sportives ou populaires. Je me suis entraîné à accepter le bruit pour ne pas être empêché de méditer fréquemment près de chez moi. Et j'y parviens… parfois. La méditation dans la nature est bienfaisante, riche, intense et lorsqu'à la fin de la méditation un oiseau, un chevreuil ou le souffle du vent nous appelle, nous ressentons l'harmonie, une grande clarté et beaucoup d'énergie dans une paix rayonnante et dynamique.

Robert Hainard, ours, *croquis (© Fondation Hainard).*

Je recommande de méditer au moins trois fois par jour, au lever du jour ou du soleil, à midi et en soirée. Utilisons en plus tous les moments opportuns, qui peuvent varier d'un jour à l'autre en fonction des temps morts et des lieux où nous nous trouvons. Une méditation profonde peut demander une heure, voire deux heures, mais il est possible de méditer très correctement pour une durée de quelques minutes à une demi-heure si nous nous y sentons disposés.

La méditation collective

La méditation en groupe est difficile, car il faut que les personnes qui y participent parviennent ensemble à l'état de sérénité nécessaire. Mais alors, elle ouvre des canaux plus larges au souffle de l'Esprit que l'on ressent plus intensément. J'ai pu expérimenter un tel moment lors de mon opération, mentionnée plus haut. J'ai compris plus tard que j'étais en intense relation spirituelle avec de très nombreuses personnes qui s'étaient mises en contact avec moi à ce moment-là. J'ai ressenti un soutien fort, comme un coussin qui me tenait en lévitation. Cela m'a confirmé que la méditation peut être encore beaucoup plus forte lorsqu'elle est pratiquée en groupe, en un même lieu ou à distance.

Je recommande de méditer au moins trois fois par jour.

La méditation intergénérationnelle

Mes ancêtres ont vécu près de la source de la Bénite Fontaine, à La Roche-sur-Foron, pendant de nombreuses générations. Je suis certain qu'ils y venaient pour prier et pour boire son eau. Cette source, consacrée aujourd'hui à Marie, a certainement une longue histoire mystique remontant aux premiers âges de l'humanité. Elle est le lien avec la terre, source de vie spirituelle. Je m'asperge de son eau et j'en bois une gorgée pour me purifier, avant de plonger dans une profonde méditation. J'ai ressenti la force de ma lignée car la méditation collective est plus forte, que ce soit en groupe ou en réseau dans l'espace ou dans le temps. Il est important de consacrer des lieux, de les protéger et de les transmettre aux générations futures, pour que la force spirituelle s'y concentre et y déploie son influence bénéfique.

Chemins vers la méditation

Je vous offre un échantillon d'approches tirées de ma pratique, qui m'aident à méditer. Il s'agit de mises en condition. En nous concentrant sur des pensées simples, nous échappons peu à peu au brouhaha de notre cerveau, de nos soucis, et nous progressons vers la tranquillité de l'âme. La méditation est facilitée par ces approches qui nous mettent en condition favorable pour la méditation elle-même, que vous êtes seuls à pouvoir réaliser. Vous pouvez peu à peu élaborer vos propres cheminements et les écrire pour les retrouver et les communiquer. Ces textes sont à déguster, à utiliser sans précipitation, un par un, à votre convenance.

Lever du soleil

Je vole à la surface de la terre à ta rencontre.
Mes pieds décollent, mon être s'élance vers toi et se laisse inonder de tes rayons.
Chacune de mes cellules reçoit ton énergie.
Dans une relation d'amour intense tu as présidé à la création et à l'évolution de la vie.
Je baigne dans ta chaleur, dans ta lumière, dans ton énergie pour les rayonner autour de moi tout au long de la journée, jusqu'à ce soir.

Trois pensées pour le matin

– Je suis reconnaissant que la lumière du soleil me donne une nouvelle journée à vivre.
– Je suis en paix, car j'accepte ce que la vie me réserve et je m'engage pour changer en moi ou à l'extérieur ce que je peux changer aujourd'hui.
– Je vais faire de chaque rencontre une étincelle, un rayon de lumière, un échange de chaleur.

Méditation du matin

Cette salutation est à distiller lentement, en portant son attention sur chaque mot, pour laisser le souffle de l'Esprit agir sur chacune de nos cellules.

Bonjour, bonjour, bon jour ;
La lumière du jour m'éveille ;
Je me fais léger, transparent ;
Je m'oriente dans l'amour universel ;
Aujourd'hui je serai ouvert, léger, subtil,
Aimant, attentif, bienveillant et généreux.

Aujourd'hui

Aujourd'hui sera :
Reconnaissance : merci
Conscience : l'unité du monde auquel j'appartiens
Lumière : humilité, ouverture
Engagement : action, respect, partage
Acceptation : amour, sérénité

Le peuplier

Je fais le tour de mon vieux peuplier en l'aspergeant d'eau. Je lui demande de se maintenir en bonne santé et de continuer à protéger la maison et ses habitants. Face à lui, je prends de l'eau et j'humecte mon front, pour la santé de mon esprit et de mes pensées, puis ma bouche, pour la justesse de mes paroles, puis mon cœur, pour la force et la bonté de mes sentiments et le courage de mon engagement. Alors je l'embrasse, je fusionne et il me relie à la Terre et au cosmos.

L'écorce

Le peuplier pluri-centenaire qui garde ma maison est le lieu privilégié de mes brèves et fréquentes méditations. Je le salue chaque fois que j'arrive à la maison et chaque fois que je la quitte. Lorsque je suis loin, à l'étranger, j'entre en contact avec lui par les antennes que sont ses collègues vieux arbres tout autour de la Terre. Il y a entre nous une intense complicité et des morceaux de son écorce, qui se détachent naturellement du tronc, m'accompagnent partout. Mon ami Philippe Barmettler a même trempé l'un de ces morceaux pour moi dans la fontaine de Lourdes, haut lieu du culte à la Terre-mère, à la source de la vie, depuis les temps préhistoriques. Je conserve cette écorce près de moi comme bénédiction, comme protection.

La forêt

Il pleut. Je regarde la forêt. Elle m'apaise. Je regarde cet arbre, puis cet autre derrière qui a l'air de vouloir me dire quelque chose. Chaque feuille scintille. Je n'ai pas seulement une forêt devant moi, ni seulement des arbres. C'est un être vivant qui essaie de me parler, de me communiquer quelque chose. Comment l'écouter, le comprendre ?

Les fleurs de tilleul

Cueillir les fleurs de tilleul peut devenir une méditation. Envahi par le parfum des fleurs, illuminé par la palette de jaunes, je laisse mes pensées aller au rythme de la cueillette, jusqu'à ne plus penser et à me laisser envoûter par la beauté et les senteurs, jetant de temps à autre un regard vers la maison, par-dessus la prairie en fleurs, ou vers le Jura au-delà du vallon de l'Allondon. Je parviens à m'abstraire du bruit de la circulation ; tout est beauté et douceur.

L'appel de l'oiseau

Plongé dans la méditation, tout s'apaise en moi, se détend. Je sens le souffle de Dieu à travers mon corps. Mes pensées m'abandonnent et me laissent seul avec lui. C'est alors qu'un oiseau appelle, juste derrière moi, fortement, avec insistance. Lorsque je reviens à moi, il se tait. Je plonge à nouveau dans la méditation, plus serein, plus profond. Mes mains se réchauffent et je sens le doux flux d'énergie qui envahit mon corps. L'oiseau m'a sorti d'une méditation imparfaite, pour que je puisse m'y replonger mieux.

La pierre

Nos sens reçoivent toutes les informations de l'environnement, mais ils ne sont sensibles qu'à un type d'information : l'œil transmet la lumière, l'oreille les sons, la peau le toucher, la langue le goût. Nous sélectionnons, répertorions et notre cerveau organise ces sensations, les analyse et fait des synthèses, des comparaisons. Ces mécanismes nous permettent de saisir la réalité d'une manière analytique et de nous en servir. Notre conscience est encombrée par ces données et leur interaction, et nous ne percevons jamais la totalité des informations par nos sens. Au contraire, une pierre reçoit également toutes les informations, mais elle ne les sélectionne pas, ne les trie pas. Une pierre reçoit de manière brute toute l'information, toute la conscience de l'Univers. La méditation consiste à devenir pour quelques instants une pierre, à se laisser pénétrer sans résistance par la conscience de l'Univers, à se baigner nu dans la force vitale de l'Univers.

Essayez vous-même, de vous mettre en situation de pierre, de choisir un lieu propice, un arbre, un cours d'eau, une pièce calme. Vous pouvez aussi associer une pierre à votre exercice, dans la nature, ou bien une pierre que vous aurez choisie et rapportée à la maison. Faites taire tout ce qui embrouille votre cerveau, vos sens, vos souvenirs, vos soucis, vos envies, vos projets, pour simplement laisser le souffle créateur traverser de part en part tout votre être. Vous êtes en méditation. Après un moment, vous vous éveillez et vous vous sentez nettoyé, serein, paisible.

Le chêne et le merle

Méditation sur la petite terrasse au sud de ma maison, embarqué dans le vortex énergétique du chêne qui la domine, je converse avec le merle. J'apprends sa langue. Je siffle, il me répond. Mes incertitudes, le bruit, la folie de ce monde sont dérisoires. Le chêne a le temps. Je suis, j'aime, je t'aime.

Les Eaux-Chaudes

Je me rends souvent dans le vallon de l'Allondon, à quelques centaines de mètres de chez moi, pour méditer au bord des Eaux-Chaudes, près d'une chute d'eau provoquée par un petit barrage destiné à l'élevage naturel du poisson. Le tumulte de l'eau domine le brouhaha de mes pensées, de mes inquiétudes, de mes projets et l'efface progressivement. Le courant emporte toute cette excitation vers le calme de la retenue du prochain barrage. L'eau est illuminée par le soleil qui joue avec les feuilles des arbres, comme l'esprit qui pénètre à travers mes cellules. L'âme sereine flotte à la surface de l'eau et tout mon être se

Robert Hainard, merle, *croquis (© Fondation Hainard).*

remplit des forces de la vie, se nettoie, se réoriente, se remet en phase avec l'Univers.

L'Allondon

L'Allondon est claire, froide, douce, lumineuse. L'eau coule en moi. Je suis ici et maintenant, serein, clair, intense et peu à peu je ressens les liens, les canaux, l'énergie, l'amour qui me relie à l'Esprit. J'aime celui qui a créé tout cela. Je sais que je ne comprendrai pas tout avant de mourir. Alors je me concentre, ici et maintenant, pour vivre intensément ce qu'il m'est donné de vivre. Et parfois je me réjouis de me jeter dans ses bras. Tout ce dont nous avons besoin matériellement, spirituellement, est ici et maintenant à notre disposition. Le reste viendra en son temps. Merci de ce moment de bonheur, de plénitude.

La cascade du Giessbach

Le site du Giessbach me gonfle d'énergie. Je laisse les forces de la cascade doucher mon corps et tout mon être de part en part. Elle me nettoie, me remet en ordre et me charge d'énergie. Je retrouve ici ma fiancée, ma bien-aimée. Je viens célébrer mes noces avec la Terre, car c'est d'elle que je reçois ma force, mon inspiration, mon bonheur, et je lui appartiens. Mon Dieu, c'est par la nature que tu m'as donné naissance, c'est à travers elle que tu me parles, c'est en elle que tu m'accueilleras pour la prochaine étape de mon chemin, de notre chemin.

Ahimsa

La non-violence. Debout, au bord de la rivière. Je laisse le flux de l'eau faire le calme en moi. Je pense

Ahimsa, le principe de non-violence, premier principe de la philosophie jaïn, qui a tant inspiré le mahatma Gandhi. Je laisse venir les pensées spontanées, et chaque fois qu'une pensée vient de travers, une frustration, unc déception, une envie, une pensée agressive, si petite soit-elle, je pense Ahimsa. Peu à peu, tout se calme, mon corps est bercé par le roulement des galets et mon esprit est étale, éveillé et calme. Je ressens la présence de l'Esprit, l'harmonie, la paix.

Le chemin de la gare

Le chemin qui conduit de la gare de Russin au village est pentu et il demande un bel effort. Au fur et à mesure que je progresse, je sens que j'arrache à la terre l'énergie potentielle qui s'accumule en moi, et qui me permettra de descendre facilement de l'autre côté de la colline pour rentrer à la maison. Ce flux d'énergie que mes muscles arrachent à la terre me remplit, me renforce, déplie tous les recoins, tous les plis qui ont flétri mon être, comme un sac en papier que l'on gonfle. Arrivé au village, je me sens nettoyé et plein d'une énergie universelle. En me concentrant sur ce phénomène, je me relie aux fondements du cosmos. Je suis en communion avec l'Univers.

Le fil de fer

Debout au bord d'une Allondon claire et fraîche, je me sens transformé en personnage de fil de fer, tels ces supports de végétation aux figures de cheval, d'oiseau ou de monument vendus dans les jardineries. Le grillage de mon corps laisse passer l'air vif et l'eau glacée. De temps à autre, une feuille ou une branche se prend dans l'armature, puis est emportée à nouveau par le courant. Les pensées s'accrochent, puis s'en vont. Je ne suis plus que moi-même, sans attache, sans poids, sans souvenirs, sans rigidité, sans encombre et le souffle divin me transperce et me nourrit.

La machine à laver

Inspirez, laissez pénétrer une eau cristalline du ciel par le sommet de la tête et laissez-la inonder tout l'intérieur de votre corps. Expirez fortement par la bouche en envoyant l'eau souillée dans le sol, par les pieds, les jambes, les bras et le dos. Inspirez... et recommencez autant de fois que nécessaire. Chaque fois, recherchez les traces de crasse dans tous les recoins de votre être. Parfois, il faut brosser, secouer pour décrasser. Lorsque l'eau expulsée devient plus limpide, secouez pour entraîner les dernières particules. Pour défaire un nœud récalcitrant, éliminer une tension, concentrez-vous sur le lieu concerné et procédez au lavage répété sur ce point, en oubliant le problème lui-même.

Lorsque l'eau expulsée est devenue cristalline, faites entrer l'eau par tous les pores, par tous les canaux, les chakras en inspirant, et rejetez-la de la même façon, plus rapidement qu'auparavant. Vous vous trouvez alors dans un tourbillon baigné d'eau pure et d'oxygène. C'est votre propre structure cristalline, essentielle qui vibre : un bain de jouvence, de pureté, de plénitude.

Le papillon

Notre naissance, notre vie nous ont construit une carapace, ont développé des tensions, des blessures et introduit des dysfonctionnements et la maladie.

La méditation du papillon est une méditation de la renaissance. Elle fait apparaître un être neuf, restauré, délivré de notre vieille peau, de nos tumeurs, de nos blessures qui sont évacuées avec la chimère de notre passé. Elle fait naître une chenille nouvelle et, lorsque la méditation est complète, le papillon qui est notre vraie personnalité prend son envol. Prenons une position confortable, par exemple au pied d'un vieil arbre, face au soleil. Laissons-nous envahir par la chaleur du soleil. À chaque inspiration, concentrons-nous successivement sur toutes les parties de notre corps, pour laisser se former un coussin d'air entre la peau et la partie du corps qu'elle couvre. Commençons par la colonne vertébrale, puis les membres, les uns après les autres, puis les différentes parties de l'abdomen et enfin la tête. Lorsqu'une partie résiste, recommençons en cet endroit. Une fois que nous avons l'impression que le corps nouveau est bien développé partout, que la vieille peau est bien détachée, inspirons profondément et expirons fortement plusieurs fois pour chasser la vieille peau. Oublions alors tout ce qui vient de se passer et entrons en méditation. Un peu plus tard, au moment de l'éveil, nous nous déployons en papillon accompli.

Le Reculet

Le fond du vallon de l'Allondon est encore dans l'ombre. Le sommet pointu du Reculet se détache dans un ciel limpide. Quelques plaques de neige lui donnent un air de fête. Je me laisse saisir par la beauté et la pureté de la ligne qu'il dessine entre ciel et terre.

J'entre dans la masse du Jura et avec elle je remonte le temps, jusqu'au bouillonnement du chaos originel. Puis je reviens, lentement. Les roches durcissent, l'eau apparaît. Je vois les palmiers au bord de la mer bleue dans laquelle vivent les ammonites et les tortues. Une famille de dinosaures parcourt la plage. Un archéoptéryx plane au-dessus de la plaine et une libellule géante passe à proximité de moi. L'atmosphère est chaude et humide. Le temps s'accélère ; je ressens au fond de moi la masse rocheuse qui se déforme, plie, se brise, s'échauffe et s'assouplit. Je suis pris dans ce mouvement, mes tensions cèdent, tout ce qui résiste est abrasé, plié, cassé pour fondre en une nouvelle masse. Profond nettoyage, régénération. La montagne se soulève puis se stabilise. Les rocs durcissent. Le soleil se lève sur la masse rocheuse. Déjà le vent et la pluie, puis le gel, commencent à user la nouvelle montagne. Les premières herbes poussent, prémices des forêts qui vont donner son nom au Jura. Cette épreuve de cinq milliards d'années, vécue plusieurs fois en aller-retour, me débarrasse de tout ce qui s'est figé en moi. Le passé est moulu, fondu. Je suis neuf, frais, prêt à repartir pour une nouvelle vie.

La maladie

J'ai beaucoup de peine à comprendre le sens des morts violentes qui arrachent une jeune vie par surprise ou celui des souffrances extrêmes, douloureuses jusqu'à l'insupportable, ou encore la souffrance des enfants de la faim, de l'exploitation et des agressions de toutes sortes. En revanche, la maladie nous rend mieux conscients de notre faiblesse, plus humbles, et nous permet d'aller à l'essentiel et d'avoir des désirs modestes. Elle est l'une des plus belles écoles de sagesse.

Apprendre à accepter ce qui nous arrive, à rechercher l'essentiel, à lâcher prise, à être, simplement être soi-même, sans ambition, sans responsabilité, sans culpabilité, sans peur ni désir. La maladie est là pour nous rappeler à cet essentiel, pour nous distraire de nos courses effrénées, de nos ambitions démesurées, de notre agressivité, de nos compétitions absurdes.

Malades, nous prenons conscience que l'essentiel de la vie est au-delà des apparences, du paraître, du matériel. Il est dans l'amour universel, dans le partage, dans le pardon.

Je vous invite à ne pas attendre d'être malade pour méditer sur la maladie. Faites-le en tout temps, et mieux encore avec une personne proche, elle-même malade.

La mort

Lorsque mon ami René Martina vivait ses derniers jours dans sa ferme du Sud, à Piégros-la-Clastre, j'ai eu la chance de passer un long moment à côté de son lit, où il reposait face à la fenêtre qui donnait sur les prairies et les haies qu'il avait tant aimées et soignées. Il ne mangeait plus depuis plusieurs jours, Anne-Marie, son épouse, lui humectait les lèvres pour toute boisson. Il rayonnait d'une douce lueur intérieure, accomplissement d'une vie active, vigoureuse, engagée pour la nature, toujours à la recherche de l'harmonie, de la sérénité, de la paix.

Main dans la main, en silence, nous avons laissé nos vies se mélanger comme deux cours d'eau qui se rencontrent, et la sienne coule toujours en moi.

La méditation sur la mort m'a souvent porté vers les cimetières, qui sont des lieux d'énergie. La relation avec nos racines, avec le passé et avec notre avenir inéluctable enrichit notre méditation. Un renard est venu mourir contre le tronc d'arbre qui me sert de siège lorsque je médite au bord des Eaux-Chaudes de Russin. J'ai eu ce jour-là une méditation très profonde suivie d'un éveil particulièrement lumineux. J'ai vécu cette expérience avec Diane-Louise Lassonde qui m'a alors fait parvenir le texte suivant de Mircea Eliade :

> *« On connaît le rôle du cimetière et de la méditation assis sur les cadavres dans de nombreuses écoles ascétiques indiennes. [...] « En méditant sur un cadavre, on achève d'une façon encore plus immédiate la combustion des expériences égoïstes, on se délivre en même temps de la peur, on évoque les démons terribles et on se les soumet... la visualisation anticipée de la décomposition est une Mort initiatique nécessairement suivie d'une renaissance. »*

La méditation nous permet de côtoyer la mort, de l'accepter, de la dépasser et même de la désirer.

Allez

Allez, entrez en méditation, aussi souvent que possible. Vous verrez, le monde changera pour vous et vous ferez changer le monde.

cinq

La nouvelle alliance

Faudra-t-il attendre une série de graves crises humanitaires et environnementales pour être capables de bâtir une société écologique, prospère et solidaire ? Une nouvelle alliance entre l'humanité et la nature devrait être possible dès aujourd'hui par une convergence de la science et de la spiritualité, deux approches complémentaires de la réalité.

Colombo, le 19 janvier 2006. Qu'ont-ils fait du paradis qui leur a été donné ? Tout est encore là : les éléphants, les palmiers, les collines, l'eau, la chaleur et même la gentillesse des habitants de cette magnifique île du Sri Lanka. Il n'est pas étonnant que certains aient pensé qu'Adam et Ève avaient vécu ici. Mais il y a eu les conquêtes des Portugais, puis des Anglais, la civilisation artificielle de l'Occident qui a écrasé des millénaires de civilisation, massacré les éléphants, bâti des villes, des routes, amené des voitures et des tuc-tuc qui polluent l'air, le sol et l'eau, tous ces enfants de la croissance qui nous conduisent en enfer. Comment y mettre fin ? Comment inviter l'humanité à retrouver les vraies valeurs, la nature, le respect, l'humilité ? Avec notre état de connaissance, il serait enfin possible de faire du rêve de Robert Hainard une réalité : un monde hautement développé sur le plan technique, scientifique et culturel, au sein d'une immense nature sauvage.

> *« Le but vers lequel tendre, c'est une civilisation où la technique servira à épargner la nature, et non pas à la détruire ; une civilisation qui se mesurera à la qualité et à la quantité de nature sauvage qu'elle laissera subsister*[1]*. »*

Retour dans le futur

Je suis mort en 2025, enterré dans le petit cimetière de Russin, sous le gros érable. La stèle de ma tombe, sculptée dans un beau calcaire du Jura, représente une source qui coule au pied d'un chêne. Un sanglier, figure du druide, du sage, guigne de derrière le tronc. La nuit, une lune toute ronde sort du feuillage. Le jour, elle est soleil. J'ai tant aimé la nature, je me suis tant engagé pour que l'on reconnaisse son importance et sa valeur, qu'il m'a été permis de revenir sur Terre pour voir ce que l'humanité a fait de mon message, soixante-dix ans plus tard. J'entreprends une visite de quelques jours à travers les paysages, les villages et la ville où j'ai vécu. J'y découvre une civilisation renaissante qui a tiré les leçons des désastres écologiques que la civilisation précédente a causés, mais qui a su en conserver l'acquis scientifique et technique, le développer encore, et le mettre au profit de la société dans son ensemble. La vie apparaît harmonieuse, les gens sont bienveillants, les quartiers beaux et joyeux, la campagne magnifique et calme, et la nature tout autour vaste, variée, sauvage et accueillante.

Je descends du train à Genève. La place, devant la gare de Cornavin, n'a pas beaucoup changé mais je n'y vois pas de voiture. Elle grouille de vie, les piétons et les cyclistes se faufilent entre les stands d'un marché bigarré. Les lignes de trams traversent la place. Quelques voitures circulent en-dessous, sans problème d'aération puisque tous les moteurs sont électriques. La ville est restée de taille moyenne. L'UBS a disparu de la place Cornavin ; l'immeuble est occupé par une banque coopérative. Il faut croire que les milliards du plan de sauvetage de 2008 et 2009 n'ont pas suffi à sauver l'établissement arrogant et imprudent. Les rues sont pleines de vie, mais le niveau de bruit n'a rien à voir avec ce que j'ai connu au début du XXIe siècle : on entend les conversations, qui ne sont plus dominées par le bruit des moteurs, fléau de mon époque, tellement présent que les gens s'enfermaient dans leur bulle individuelle et n'imaginaient même plus qu'il pouvait en être autrement. Les trains et les trams sont silencieux, de même que les quelques voitures qui roulent lentement, la priorité étant systématiquement donnée aux piétons puis aux bicyclettes : le plus lent passe le premier.

Je m'achète quelques habits modernes pour ne pas me faire trop remarquer. Dans le magasin, les vendeurs et les vendeuses sont affables et disponibles. Les habits sont en fibres végétales, confectionnés dans les pays de production des fibres, comme l'avait revendiqué pour l'Inde le mahatma Gandhi, et colorés avec des teintures naturelles. La mode présente une grande variété de formes et de couleurs. En réalité, il n'y a plus de mode, ou plutôt toutes les modes à la fois et chacun porte ce qui lui convient le mieux. Il me semble que la cravate classique de mon époque n'existe plus. Je demande à la vendeuse d'où elle vient. Elle m'explique que sa famille vivait en Haute-Savoie. D'abord frontaliers, ses grands-parents ont pu s'installer à Genève après la grande crise de 2025, à la suite de laquelle la population de Genève et de la région a fortement diminué. Elle-même a pu trouver facilement un bel appartement à Carouge. Ses enfants viennent la voir au magasin lorsqu'elle travaille à midi, et les autres jours, elle rentre chez elle. La cour de son immeuble à la place d'Armes, autrefois occupée par un parking, a été transformée en jardin avec des bancs, un arbre, une fontaine et une pelouse. C'est le résultat d'un programme de cours-jardins lancé il y a quelques années par les communes du canton. Chaque cour a un caractère particulier inspiré par une personnalité : une artiste, un écrivain, un philosophe, une politicienne, un scientifique ou toute autre personne qui s'était engagée pour la collectivité. Une statue, un texte ou une œuvre d'art représentent cette personne et l'aménagement de la cour est inspiré de son œuvre. Les cours sont ouvertes au public, mais sous la stricte condition d'en respecter le calme et, la nuit, le silence. Un long parc

Le plus lent passe le premier.

public a été aménagé tout près, des deux côtés de l'Arve, sur l'emplacement des anciennes routes qui ont été supprimées : cheminement pour piétons, piste cyclable, bancs, places de jeu pour les enfants, les habitants des quartiers voisins s'y retrouvent en fin de journée et le week-end. La plupart des habitants n'ont pas de voiture et lorsqu'ils ont besoin d'un véhicule privé, ils passent par une location de type Mobility. Annecy se trouve maintenant à quinze minutes de Genève grâce à une ligne de chemin de fer directe, et des trains relient Thonon, Annemasse, Bellegarde, Gex et Divonne entre elles et avec Genève tous les quarts d'heure. Les sociétés autoroutières françaises ont fait faillite et les États peinent à entretenir les réseaux d'autoroutes sous-utilisées. En 2006, les Suisses dépensaient au total 65 milliards de francs pour les transports routiers et 10 milliards pour les transports publics. Ces chiffres comprenaient les coûts des véhicules, des infrastructures, de la sécurité et de l'environnement. Aujourd'hui, les dépenses pour les transports publics qui assurent 80 % des déplacements motorisés ont doublé mais l'on dépense dix fois moins pour les routes. La circulation est beaucoup plus douce, il n'y a pratiquement plus d'accidents graves ni de pollution.

On prend le temps de regarder les autres, de s'arrêter, d'échanger, de se sourire.

Je constate que l'atmosphère au sein de la société est incomparablement plus agréable que ce que j'ai connu cent ans auparavant. Il y a moins d'empressement, moins d'agressivité. On prend le temps de regarder les autres, de s'arrêter, d'échanger, de se sourire. En me rendant dans la campagne genevoise, je prends le tram en direction de Chancy et je découvre avec stupeur d'immenses chantiers sur le plateau du Petit-Lancy et Onex, autrefois couverts de bâtiments locatifs de la seconde moitié du XXe siècle. Je saute du tram. Lorsque je m'approche, je réalise qu'il s'agit d'une vaste activité de démolition. Un contremaître m'explique que les immeubles étaient devenus vétustes et inutiles à cause de la forte diminution de la population.

Tout est concassé, séparé, trié et cet ancien quartier est devenu une mine de matières premières dans un pays qui en était dépourvu. Le béton concassé sert de matériau pour les réparations et les constructions nouvelles de chemins, de routes et de bâtiments, les plastiques sont triés et recyclés, le fer est expédié vers les nouvelles aciéries valaisannes qui utilisent le surplus d'énergie solaire stockée dans les barrages; enfin, les autres métaux sont soigneusement triés et revendus. L'opération a été confiée à des entreprises privées qui sont devenues très profitables depuis que les prix des matières premières ont pris l'ascenseur. Ces terrains seront progressivement remis en état et resteront en réserve pour de futurs usages encore imprévisibles.

Arrivé à Cartigny, je constate que toutes les maisons sont équipées de panneaux solaires thermiques et photovoltaïques qui complètent la centrale de chauffage au bois créée en 2008. Le village est autonome en énergie. Je cherche l'école où je rencontre un enseignant qui m'invite chez lui. Je m'étonne que nous n'entendions plus les avions, autrefois si bruyants au-dessus du village. Il m'explique que le trafic aérien a fortement diminué depuis la dernière crise. Cointrin et Saint-Exupéry se sont associés pour se répartir le trafic, et les deux aéroports sont reliés en moins de trente minutes par le train Lyon-Genève. L'aéroport de Cointrin a été maintenu à cause des activités internationales qui se sont encore développées à Genève. L'aviation a beaucoup évolué, même si les avions solaires issus des expériences de Bertrand Piccard restent du domaine des loisirs; les gros porteurs fonctionnent avec un dérivé de l'hydrogène qui alimente des moteurs presque silencieux. Je lui demande alors pourquoi et comment s'est produite la chute démographique dont j'ai pu déjà constater certains effets. Il m'explique qu'une suite de crises s'est produite dès le début du XXIe siècle : crise financière de 2008, augmentation fulgurante du prix du pétrole et des matières premières en 2015, pénurie alimentaire mondiale en 2020 et les années suivantes due à des sécheresses prolongées dans certaines régions et à des inondations dans d'autres. Ces changements climatiques ont provoqué des migrations massives vers les zones dont la situation était restée meilleure comme la nôtre ici, autour des Alpes. Ce brassage de populations allié à la pauvreté d'une grande partie a favorisé le développement de maladies et d'épidémies, dont la plus grave s'est produite entre 2025 et 2028.

Un virus encore inconnu a proliféré à grande vitesse et a tué en trois ans la moitié de la population mondiale. Le phénomène a rappelé les pestes du Moyen Âge et la grippe espagnole de la fin de la première guerre mondiale, qui avait tué vingt à quarante millions de personnes en 1918 et 1919. On n'a jamais reçu d'explication officielle sur l'origine de ce virus, mais des recherches de journalistes de la télévision suisse romande tendent à démontrer qu'il s'est formé spontanément à partir de porcs génétiquement modifiés, qui avaient reçu du matériel génétique d'un adénovirus pour croître plus rapidement. Une fois dans leur nouvel hôte, les brins d'ADN se sont détachés et recombinés pour devenir très agressifs tout d'abord pour les porcs, puis ils sont passés chez l'homme. L'industrie pharmaceutique et la recherche génétique ont été incapables de trouver un antidote à ce virus. Les familles ont été décimées, l'économie mondiale s'est effondrée, de graves mouvements sociaux ont paralysé tout le système de production et les gouvernements sont devenus très instables. Le bassin genevois est ainsi passé de 2 000 000 d'habitants à 400 000 en dix ans, laissant de nombreux quartiers, villages et terrains en friche. Depuis cette épidémie, l'utilisation d'organismes génétiquement modifiés en plein champ et dans l'élevage a été totalement interdite par un protocole à la Convention des Nations Unies sur la biodiversité. La vie sociale et politique s'est peu à peu réorganisée au sein des petites collectivités de villages et de quartiers, et il a fallu trente ans pour que les gouvernements retrouvent une certaine stabilité et la capacité de

Un virus encore inconnu a proliféré à grande vitesse et a tué en trois ans la moitié de la population mondiale.

gérer les affaires nationales et internationales. Cette période d'épreuves a renforcé l'indépendance et la maturité des collectivités locales qui continuent d'assumer la plus grande part des responsabilités politiques, économiques et sociales.

Je demande à mon hôte comment se porte l'école. Il m'apprend que l'enseignement comprend encore les disciplines traditionnelles – français, mathématiques, sciences, histoire –, mais que l'écologie sert de lien entre toutes les disciplines, pour une approche systémique de la connaissance. Par ailleurs, les élèves sortent beaucoup plus dans la vie réelle, en stages dans diverses professions, le plus souvent des entreprises et des artisans installés au village, et dans la nature. Le village de Cartigny est privilégié grâce aux réserves naturelles du Rhône, du Moulin de Vert et de la Petite Grave. Un centre nature créé près du barrage de Verbois accueille chaque année des centaines de classes et des milliers de visiteurs. On peut aussi réserver un observatoire dans les Teppes de Véré pour passer une nuit à observer les sangliers. Par ailleurs, grâce aux mesures de renaturation des cours d'eau et de protection des zones humides, les espèces de batraciens ont proliféré et l'on trouve aujourd'hui des écrevisses dans presque tous les cours d'eau, si bien qu'une pêche réglementée aux grenouilles et aux écrevisses a été à nouveau autorisée ; par une pêche sélective, on cherche en priorité à réduire et si possible éliminer les populations de grenouilles rieuses et d'écrevisses américaines, qui ne sont pas autochtones et font concurrence aux espèces locales.

L'école joue un rôle important dans l'éducation civique par l'apprentissage des mécanismes de la démocratie et surtout par la transmission de valeurs humanistes et écologiques : la liberté, la responsabilité, la solidarité, le respect, la tolérance. Les parents sont proches de leurs enfants et pratiquement aucun couple ne travaille à plus de 100 % entre les deux à l'extérieur. Nombreux sont celles et ceux qui travaillent partiellement ou totalement à la maison, si bien qu'il n'y a pas besoin de crèche pour les enfants. Ceux qui ont tout de même besoin de soutien sont accueillis par les familles et les personnes âgées du village. Il en va de même en ville. Beaucoup d'artisans travaillent au village et l'agriculture s'est transformée dans deux directions. Les productions commerciales sont assurées par de grands domaines qui exploitent une centaine d'hectares et plus. De nombreuses fermes ont été réhabilitées par des paysans amateurs ou à temps partiel sur des surfaces de 1 à 5 hectares, comme l'ont toujours fait des familles valaisannes qui ont conservé leurs vignes à côté de leur profession. La population paysanne et rurale a ainsi fortement augmenté dans toute l'Europe occidentale et représente aujourd'hui un quart de la population. Marchés à la ferme et produits de proximité ont fortement réduit les importations de viande, de fruits et de légumes des pays lointains.

Toute la surface agricole européenne est cultivée selon les méthodes biologiques et biodynamiques, qui ont beaucoup profité d'une meilleure connaissance scientifique des processus naturels. Les centres de recherche agricoles ont développé des méthodes et des produits de traitements très efficaces, entièrement élaborés à partir d'organismes et de substances naturels. Le génie génétique est aussi utilisé dans ces centres de recherche, mais seulement pour développer nos connaissances et pour produire en milieu confiné des substances naturelles complexes et très spécifiques. Aucun organisme génétiquement modifié n'est toléré à l'extérieur et les brevets sur les organismes vivants ont été interdits. L'Organisation mondiale du commerce a développé un régime spécial pour l'agriculture qui protège en premier lieu la production locale et réserve la libéralisation du commerce international aux spécialités et aux surplus de production. De nombreux petits paysans du tiers-monde ont ainsi quitté les banlieues misérables des

Toute la surface agricole européenne est cultivée selon les méthodes biologiques et biodynamiques.

grandes villes pour retrouver leurs terres et une vie digne. L'OMC a enfin introduit une clause qui permet aux pays membres de distinguer les modes de production des produits importés, afin de protéger les productions écologiques et socialement responsables contre celles qui causent des dégâts à la nature, à l'environnement et exploitent des ouvriers dans des conditions indignes. Il est par exemple possible de taxer très fortement à la frontière ou même d'interdire l'importation d'éthanol produit au détriment des forêts tropicales, ou des fraises du sud de l'Espagne produites dans des conditions humaines et écologiques inacceptables.

L'enseignant m'invite à me rendre à l'autre bout du village, au domaine des Anges de l'Éternel, qui a été transformé en centre écophilosophique. Ce monastère chrétien réformé, autrefois fermé au public, offre aujourd'hui des formations, des conférences, des stages, dans des bâtiments exemplaires sur le plan écologique, sur un domaine qui associe le jardinage à de multiples biotopes sous forme de vergers d'arbres de hautes tiges, de murs de pierre, de tas de bois, de haies, de mares et même de bancs de sable bien ensoleillés dans lesquels les cistudes (*Emys orbicularis*) des étangs du Moulin de Vert viennent pondre.

Le centre est ouvert à un large public intéressé par l'écologie scientifique et spirituelle.

Le centre est ouvert à un large public intéressé par l'écologie scientifique et spirituelle. Les arbres centenaires du parc servent de lieux de méditation et d'enseignement. De tels centres se sont développés dans toute l'Europe, créés parfois de toutes pièces, souvent à partir d'un noyau existant, au moment où la société matérialiste de croissance et de consommation s'est effondrée. Je me demande alors si mon grenier philosophique, situé à un kilomètre d'ici, de l'autre côté du Rhône, est resté un lieu de méditation et de réflexion. Les églises ont évolué de la même manière. Le dernier pape a été emprisonné par le Tribunal pénal international pour crime contre l'humanité à cause de ses positions contre le planning familial qui ont causé souffrances, misère et mort pour des millions d'êtres humains, surtout dans le tiers-monde. Depuis, l'Église catholique s'est effritée, les catholiques ont rejoint la galaxie des communautés chrétiennes et le Vatican est devenu un vaste musée d'art et la plus grande bibliothèque publique du monde. Les lieux de culte sont œcuméniques et même les anciennes églises comme celles de Bonmont, de Senanque ou de Fontenay, qui avaient été sécularisées comme monuments historiques, sont à nouveau utilisées pour des célébrations religieuses, des rencontres spirituelles et philosophiques, tant le besoin spirituel a grandi.

La nature a retrouvé un sens sacré.

Il s'est développé un syncrétisme multicolore entre les diverses religions chrétiennes, les musulmans, les hindouistes, les bouddhistes, les panthéistes et des agnostiques de toutes philosophies autour de quelques valeurs centrales comme la paix, l'harmonie, la tolérance, le respect, la sobriété, la joie, l'humilité. Dans sa recherche sur les questions fondamentales du sens de la vie, la population se passionne pour la connaissance des diverses religions et des philosophies. La nature a retrouvé un sens sacré. Des arbres, des plans d'eau, des rochers, des forêts sont devenus de lieux de méditation et de célébrations. La nature en général fait l'objet d'un grand respect et chaque commune, chaque quartier est fier de montrer la beauté de ses espaces naturels, de ses parcs, de ses arbres. N'importe quelle communauté peut réserver une église pour se réunir et y célébrer. Même lorsqu'une communauté tient une réunion, n'importe qui peut entrer. Alors qu'autrefois, les églises étaient souvent fermées, un paradoxe pour la maison de Dieu, elles sont aujourd'hui ouvertes jour et nuit, et on ne constate aucune déprédation.

Au lieu de courir après des chimères, de se battre dans une compétition pour le pouvoir, l'argent et la reconnaissance, la société s'est épanouie dans la stabilité et la sérénité. L'épanouissement de chacune et de chacun contribue à l'épanouissement de la communauté, non pas par une main invisible comme le croyaient les tenants du néolibéralisme, mais par la volonté commune de paix et d'harmonie inscrite déjà dans la Constitution genevoise de 2012, et dans le traité européen de 2020, mais qui a mis longtemps à trouver une application concrète dans le cœur de chacun. Sur le plan mondial, les budgets militaires qui atteignaient 1 400 milliards de dollars par an au début du XXIe siècle ont fondu. Une somme cent fois moindre est affectée aujourd'hui aux questions de sécurité internationale, et l'argent ainsi économisé est investi dans les politiques sociales de l'éducation, de la formation, de la solidarité et de la paix.

Sur le chemin du retour en ville par le bateau du Rhône, je constate que la décharge du Nant de Châtillon, qui a accueilli les déchets industriels et ménagers genevois entre 1961 et 2012, a été entièrement excavée et nettoyée. Les déchets ont été triés, les plus dangereux étant incinérés ou neutralisés chimiquement. On a attendu longtemps avant de prendre cette décision, et des dizaines de millions de francs ont été dépensés pour essayer de contenir la pollution. Finalement, la nappe phréatique du Rhône a été polluée, et les autorités ont été contraintes d'investir des sommes colossales pour éliminer cette erreur du passé. Les cyclamens sauvages ont retrouvé un biotope favorable. Les oiseaux, encore plus nombreux qu'autrefois, y donnent un concert digne d'une forêt tropicale. Sur un banc de sable, je vois deux loutres jouer. Robert Hainard avait vu les dernières avant la construction du barrage de Verbois, dans les années 1940, et elles n'étaient jamais revenues à cause de la pollution chronique des eaux. Quel spectacle, quelle joie!

Robert Hainard, Deux loutres, *croquis (© Fondation Hainard).*

Arrivé à La Jonction, où l'Arve rejoint le Rhône, je constate que le quartier urbain qui avait été planifié sur les anciens entrepôts des TPG (transports publics genevois) n'a jamais vu le jour. Les hangars ont laissé place à un magnifique parc sur cette presqu'île au centre de la ville, dont les habitants profitent pour des balades, des pique-niques ou la baignade. Je me rends à l'hôpital par les bords de l'Arve. Une partie des bâtiments a été transformée et affectée à d'autres activités et au logement. Un médecin m'accueille et me conduit à son bureau. Il m'explique que les malades sont beaucoup moins nombreux qu'auparavant, non seulement à cause de la diminution de la population, mais parce que les habitants se portent bien. Il n'y a plus de maladies dues au tabac ou à l'alcoolisme, les gens sont beaucoup moins stressés et font davantage d'exercice dans leur vie quotidienne grâce au vélo, à la marche, au jardinage ou au sport. La nourriture est plus saine, plus équilibrée. On mange des fruits frais, des légumes préparés à la maison et la consommation de viande a beaucoup diminué. Il y a moins de particules fines dans l'air, moins de résidus de pesticides dans l'eau. Les ondes électromagnétiques constituent l'un des seuls points noirs qui n'ont pas été résolus. La population est très attachée à la communication, à l'information et à l'accès à la connaissance que permettent les téléphones portables, la radio, la télévision et Internet. Des progrès ont toutefois été faits grâce à la généralisation des fibres optiques, à des antennes plus nombreuses et plus petites, donc moins puissantes. Les services de soins à domicile, très développés dans tous les quartiers, permettent de bien conseiller les gens quant à leur santé et de leur apporter des soins adaptés à leurs besoins, sans hospitalisation. Il n'y a pratiquement plus de maisons de retraite car les personnes âgées vivent longtemps indépendantes, assistées par les soins à domicile et par la solidarité de leurs familles et des voisins. Le moment venu, elles meurent rapidement, dans la sérénité, sans s'accrocher à une vie qui se termine naturellement. C'est le résultat d'une philosophie de vie inspirée des stoïciens, d'une acceptation de la mort, dont on parle beaucoup plus librement, et aussi d'une médecine qui accompagne, soulage, guérit souvent, mais ne s'acharne pas à maintenir les gens en vie envers et contre tout.

J'avais laissé quelques traces non loin de l'hôpital, sur la colline de Saint-Pierre, à la Tour Baudet où j'avais siégé au Parlement puis à l'Assemblée constituante. J'y rencontre la présidente du gouvernement. Je lui pose la question de l'adhésion de la Suisse à l'Union européenne, qui avait créé tant de discussions stériles autrefois. J'apprends que la Suisse est maintenant pleinement membre de l'Union, suite à une votation populaire dans laquelle le peuple s'est prononcé à 88 % en faveur de l'adhésion. Il faut dire que, suite aux crises successives du XXIe siècle, les Suisses ont compris que leur isolement leur serait fatal. De son côté, l'Union européenne a fait évoluer sa structure dans la direction d'une Confédération sur le modèle suisse, comme l'avait autrefois proposé Denis de Rougemont. Le traité de 2020 donne à l'Union des compétences fortes dans les domaines de la politique internationale, du maintien de la paix, de la monnaie, de la surveillance des sociétés multinationales, des réseaux de transports internationaux et des normes environnementales. Elle se contente de fixer des conditions cadres dans d'autres domaines comme la fiscalité, la santé, la solidarité sociale. Par ailleurs, les États membres restent très autonomes, par exemple dans les domaines de la formation, de la recherche, de l'agriculture, de l'énergie, de l'aménagement du territoire. Les subventions, autrefois un dossier chaud au sein de l'Union, ont complètement disparu. Il en reste au niveau des États pour soutenir les organisations privées qui assurent des services d'intérêt général dans les domaines de l'éducation, de la culture et de l'aide sociale. Les États membres de l'Union collaborent étroitement dans

Une médecine qui accompagne, soulage, guérit souvent, mais ne s'acharne pas à maintenir les gens en vie envers et contre tout.

bien des domaines, sur une base volontaire, comme l'ont toujours fait les cantons suisses.

Quant à la République et canton de Genève, son territoire couvre aujourd'hui une entité politique étendue qui comprend Thonon, Annecy, Bellegarde et Nyon. Genève a été confirmée dans son rôle international. À cause de la montée des eaux de l'océan Atlantique et de la rivière Hudson, l'Organisation des Nations Unies a déplacé son siège mondial à Genève, alors que les institutions financières de Bretton Woods se sont installées à Singapour suite à la grande déprime économique des États-Unis. Les deux villes ont un statut international spécial qui facilite le travail des délégations de tous les pays du monde. Genève a profité de cette aubaine pour transformer l'ancien Institut des hautes études internationales et du développement en une Université des civilisations et des relations internationales, lieu de foisonnement intellectuel visité par 25 000 étudiants de toutes origines. L'Université profite bien sûr de la proximité des organisations internationales où elle trouve des personnalités compétentes pour l'enseignement et des places de stages pratiques pour ses étudiants.

Je me rends ensuite à l'université de Genève, issue de l'Académie créée par Jean Calvin en 1559, où j'avais obtenu mon doctorat en biochimie, et dont j'avais été plus tard membre du comité d'éthique et de déontologie, curieux d'apprendre ce qu'est devenue la grande maison après la crise. Le recteur me reçoit et me montre que, malgré la diminution de la population, il y a toujours autant d'étudiants car l'université est devenue un centre intellectuel de toute la région. Elle fait partie d'un réseau régional; les cours, les séminaires et les recherches se font indifféremment à Genève, Lausanne, Chambéry, Grenoble et Lyon. Les hautes écoles font aussi

La Charte de la Terre a remplacé l'ancienne Déclaration universelle des droits de l'homme.

partie du réseau. Le recteur m'explique que, suite à un premier séminaire que j'avais organisé en 2009 avec le professeur Dominique Bourg à l'université de Lausanne sur le thème de la spiritualité et de l'environnement, l'université de Lausanne est devenue, avec la Divinity School de Harvard, un centre de compétence reconnu mondialement sur les questions de science, d'éthique et de spiritualité. Dans les universités, toutes les formations sont interdisciplinaires. Les étudiants des filières littéraires et sociales doivent acquérir des notions scientifiques, alors que les filières scientifiques comptent au moins un tiers de cours d'histoire, de philosophie ou de sciences sociales.

L'université vise certes à doter les étudiants de compétences professionnelles pointues, mais son but essentiel est l'épanouissement des personnes, afin qu'elles vivent et transmettent un équilibre basé sur les valeurs de la Charte de la Terre, qui a remplacé l'ancienne Déclaration universelle des droits de l'homme. Cette nouvelle déclaration affirme la protection de la liberté et de l'intégrité de chaque personne et son droit à une vie décente, au respect, à la diversité des opinions et des cultures, à la protection judiciaire et en même temps, elle affirme le devoir de respecter ses semblables et la nature et d'œuvrer au bien commun, à la paix et à l'harmonie.

Après la grande crise, les divas de l'économie néolibérale ont perdu leur crédibilité et la haute école de Saint-Gall, qui n'a jamais su évoluer vers l'économie systémique, écologique et durable, a dû fermer ses portes. Les formations en économie comprennent une formation étendue sur la gestion des ressources naturelles et le développement durable. Le code des obligations a renforcé la responsabilité personnelle des membres des conseils d'administration, sur le modèle des banques privées, et ils sont dès lors devenus plus prudents et moins gourmands.

Les conseils d'administration des grandes sociétés se sont ouverts à des personnalités critiques du domaine social et écologique.

Les conseils d'administration des grandes sociétés se sont ouverts à des personnalités critiques du domaine social et écologique. La qualité du travail, l'éthique et le développement durable figurent aujourd'hui comme priorités dans les stratégies de toutes les sociétés privées et les administrations publiques.

Sur le plan scientifique, on n'a toujours pas trouvé la pierre philosophale et le vieux rêve des physiciens de réunir toutes les théories en une seule formule n'a pas été réalisé. Malgré les efforts du CERN (Centre européen de recherche nucléaire) sur la frontière franco-suisse à Genève, on n'est pas parvenu à percer davantage les secrets de la matière. Pour l'instant, il n'a pas été possible de trouver une application pratique aux expériences de téléportation quantique qui dépasse le domaine de la transmission d'informations. Il n'y a pas eu de révolution scientifique fondamentale, mais de nombreuses optimisations dans les domaines techniques déjà connus au début du siècle. Par exemple, les panneaux solaires peuvent atteindre un rendement de 60 % lorsqu'ils combinent en cascade la production d'électricité et de chaleur. Les éoliennes qui avaient enlaidi les crêtes du Jura gessien au-dessus de Genève, malgré la protection du parc naturel du Haut-Jura, ont aujourd'hui disparu. Les parcs de grandes éoliennes se sont développés en haute mer et dans les déserts. Grâce à deux inventeurs suisses, les frères Daniel et Roman Bühler, l'École polytechnique a développé des éoliennes de petite taille qui s'adaptent facilement à toutes les situations. Discrètes, elles s'intègrent facilement et assurent une production décentralisée et interconnectée d'électricité. Cette invention a eu un succès fou dans le monde entier et elle a permis le développement d'un segment important de l'industrie suisse. Les barrages continuent à jouer un rôle important dans l'accumulation et la redistribution des surplus d'énergie. La Suisse est aujourd'hui

Il n'y a pas eu de révolution scientifique fondamentale mais de nombreuses optimisations.

approvisionnée à 100 % par les énergies renouvelables, principalement le soleil et les barrages hydrauliques, mais aussi le vent, le biogaz et le bois. L'Europe a suivi le même chemin, mais la France a encore des difficultés avec son parc nucléaire : elle n'a toujours pas résolu les questions du démantèlement et des déchets de ses centrales, dont la surveillance lui coûte très cher. À cela s'ajoutent un certain nombre d'incidents et d'accidents, de fuites radioactives et la contamination de vastes territoires dans la Loire et la vallée du Rhône. Tant de moyens financiers et intellectuels doivent être investis pour gérer ce patrimoine empoisonné que la France n'a pas pu consacrer les efforts nécessaires au développement des énergies renouvelables qui ne produisent que 50 % de ses besoins. Autrefois premier pays pour l'énergie nucléaire, la France est aujourd'hui le dernier en matière d'énergies renouvelables.

Il y a encore des carburants utilisés pour certains véhicules et les avions. Il s'agit d'un polymère liquide d'hydrogène et d'azote, avec des traces de carbone produit en très grande quantité en mer sur des îles flottantes à partir d'eau de mer et d'air, d'azote et de gaz carbonique, grâce à l'énergie solaire. Une fois brûlé, le mélange relâche dans l'atmosphère de l'eau, de l'azote moléculaire et et de toutes petites quantités de gaz carbonique, des composants naturels de l'air. Dans ce processus, le gaz carbonique effectue un cycle neutre sur le plan climatique, puisqu'il a été préalablement capté dans l'air pour produire le polymère. L'hydrogène est aussi utilisé dans des piles à combustible. Les techniques liées au solaire, associées à un système à basse pression, permettent de dessaler l'eau de mer sans apport d'énergie fossile. Ce système est utilisé parfois à grande échelle pour irriguer des cultures en zones arides, mais surtout à petite échelle pour alimenter des villages côtiers isolés. On l'utilise aussi pour épurer les eaux polluées à partir desquelles on peut même régénérer de l'eau potable.

Ce qui me frappe le plus à la fin de mon périple, c'est que cette société harmonieuse, prospère et pacifique que j'ai découverte n'est pas très éloignée en bien des points de la société agressive et destructrice que j'avais quittée soixante-dix ans auparavant. Pourquoi a-t-il fallu une succession de crises si douloureuses pour trois générations et pour des centaines de millions d'êtres humains pour parvenir à ce résultat ? Il aurait été si simple d'appliquer les mêmes principes à la civilisation précédente et d'opérer cette mutation plus tôt et en douceur.

Robert Hainard, Un sanglier courant dans la neige, *croquis (© Fondation Hainard).*

Je retourne à la chute des Eaux-Chaudes. La pierre que j'avais posée est toujours là : une dalle de calcaire du Jura sur laquelle a été sculptée la scène qui figure sur ma pierre tombale : la source, le chêne, le sanglier et la lune. Le bas-relief est caché, face contre terre, réservé aux initiés qui viennent me retrouver ici pour méditer. Je me réjouis de savoir que des promeneurs s'arrêtent aussi pour se reposer, pour pique-niquer, simplement parce qu'ils s'y sentent bien, sans se douter de ce que signifie cette pierre, et que des enfants jouent au bord du ruisseau dans lequel les truites sauvages viennent pondre.

Malgré la fréquentation du site, on n'y trouve aucun déchet. Je m'assois, je contemple le ruisseau, le soleil joue dans les feuillages. J'entre en méditation, si profonde que je suis happé par mon destin et je retourne à Dieu. Adieu ! Mon âme reviendra danser sur l'eau, avec la vôtre si vous venez méditer au bord du ruisseau.

La nouvelle alliance

Revenons en 2009. Je traverse les bois de Ferrères et la forêt d'Envy, je longe le ruisseau du Nozon et je me rends à l'église de Romainmôtier où j'ai si souvent médité à côté de l'ambon du VIIe siècle, contemporain de Colomban. Au cours de cette promenade méditative, je me pose la question de savoir comment nous pourrions éviter ces catastrophes et passer directement à une société de paix et d'harmonie telle que je viens de la décrire.

Il m'apparaît alors clairement que l'anthropocentrisme du XXIe siècle est aussi absurde que le géocentrisme du Moyen Âge. L'homme, mesure de l'Univers : ridicule ! Si nous voulons bien vivre et permettre à nos successeurs de s'épanouir dans un monde riche, nous devons sceller une nouvelle alliance avec la nature.

Il y a des raisons matérielles de vouloir nouer cette nouvelle alliance avec la nature : si nous continuons à la maltraiter de la sorte, l'espèce humaine va terriblement souffrir et peut-être disparaître. Mais il y a surtout des raisons spirituelles, car la survie matérielle de l'humanité est de toute façon limitée dans un temps plus ou moins lointain, alors que la destinée humaine a de fortes chances de s'étendre au-delà de la fin de l'espèce, d'une manière qui m'est inconnue, mais qui m'apparaît comme certaine et liée au destin de toute la nature. Plus la nature se dégrade, moins nous sommes

Il m'apparaît alors clairement que l'anthropocentrisme du XXIe siècle est aussi absurde que le géocentrisme du Moyen Âge.

capables de vie spirituelle, de contact avec l'Alpha et l'Omega, avec l'origine et la fin de notre destinée. Détruire la nature ne nous condamne pas seulement dans cette vie terrestre, mais également dans notre vie éternelle, dans notre participation à l'Esprit universel. Tous les corps meurent, c'est une loi implacable de la nature, mais la survie de l'esprit pourrait bien dépendre de la manière dont nous l'avons nourri pendant notre vie terrestre. Nous pourrions nous retrouver devant la grande porte, et être incapables de l'ouvrir parce que nous ne connaîtrions pas le code d'accès, que nous n'aurions pas su lire dans la nature, ou que nous aurions été détruits avec elle. Nous pouvons mieux comprendre le sens de nos vies si nous lisons dans la nature le message de Dieu. La nature ne fait qu'un avec l'Esprit, selon l'expression de Benoît Spinoza, « Dieu, c'est-à-dire la nature ». Chaque fois qu'une espèce disparaît, qu'un écosystème est détruit, c'est une page, un chapitre du livre divin qui est jeté aux flammes. Notre société rationaliste, positiviste, arrogante est en train de commettre l'autodafé du livre de la vie.

À travers l'histoire de notre relation avec la nature, nous avons vu au chapitre 2 que trois grandes cultures ont développé un rapport particulièrement fort avec elle : les Magdaléniens et dans leur lignée les peuples premiers, les Celtes et leur influence sur la chrétienté du VIe au XIe siècle, et les romantiques et les transcendantalistes du XIXe siècle, ancêtres des mouvements écologistes nés au XXe siècle en réaction à la dégradation de la nature et de l'environnement.

Le rationalisme des Lumières et l'esprit scientifique ont libéré l'humanité de la domination des idéologies religieuses en donnant leur place au jugement personnel et à la liberté individuelle. Malheureusement, privée d'une dimension spirituelle, l'humanité a plongé dans de nouvelles idéologies matérialistes, prométhéennes et s'est laissé séduire par des déviations politiques tyranniques qui ont ensanglanté le XXe siècle.

La science nous donne les moyens de mieux comprendre les mécanismes de la nature et la technique ceux d'utiliser les ressources pour libérer l'homme de tâches pénibles et pour permettre son épanouissement. Malheureusement, les techniques ont le plus souvent été utilisées pour dominer d'autres hommes et pour écraser la nature.

Comme dans l'histoire de mon retour racontée au début de ce chapitre, la nouvelle alliance pourrait bien n'être scellée qu'après un effondrement de l'humanité. La perte du contact avec la nature, la vie artificielle que nous menons, notre incapacité de remettre en question notre mode de vie, une éducation déficiente et l'absence de spiritualité nous conduisent droit à l'effondrement. C'est aujourd'hui l'issue la plus vraisemblable.

Mais il y a un autre modèle, celui du sursaut moral, de la renaissance, d'une nouvelle alliance entre l'humanité et la nature. Puisqu'il y a eu, après les invasions barbares, un syncrétisme entre la civilisation celte et le christianisme en Irlande puis dans toute l'Europe occidentale, qui a marqué mille ans d'histoire, pourquoi ne pourrions-nous pas réussir un nouveau syncrétisme de la pensée rationnelle et scientifique et d'une spiritualité naturaliste ?

Il nous appartient maintenant de rassembler notre riche héritage pour construire une civilisation qui élimine les travers et les perversions de la nôtre, conserve et développe les acquis, les organise en vue d'une vie épanouie, harmonieuse, pacifique, écologique et durable. Et nous devons le faire avant qu'une succession de crises nous y contraigne dans la douleur. Ce saut de civilisation repose sur un certain nombre de valeurs que nous devons cultiver, développer et transmettre dans nos vies personnelles, dans nos familles, dans nos cercles de connaissances, au travail, à l'école, à l'université et finalement en

Pourquoi ne pourrions-nous pas réussir le syncrétisme de la pensée rationnelle et scientifique et d'une spiritualité naturaliste ?

politique. N'attendons pas qu'un gourou ou un tyran crée l'illusion et nous précipite dans de nouvelles idéologies. Nous avons gagné la liberté, la responsabilité, la conscience, à nous d'agir avec joie et avec courage, sans attendre.

Le chemin de Gilgamesh

Inspirons-nous de l'épopée de Gilgamesh, vieille de cinq mille ans : le cruel roi d'Uruk, maître arrogant de la nouvelle civilisation urbaine, est défié par Enkidu, l'homme de la nature qui vivait avec les animaux sauvages. Leurs forces sont égales et après une nuit de combat sans vainqueur, leur rivalité se transforme en amitié, début du chemin de Gilgamesh vers la sagesse.

Je plaide pour un retour à la nature par la civilisation. Utilisons le progrès au service d'une nouvelle alliance avec la nature. Pour changer radicalement de valeurs, d'objectifs et de comportements, il n'est pas nécessaire de promouvoir une écologie de restrictions, de renoncer au chauffage de nos logements, à la télévision ou à la découverte des autres et du monde. Il faut simplement de la retenue, de l'attention, prendre le temps, accepter avec joie ce qui nous est donné, équilibrer toutes choses en soi, partager et se réjouir de la joie des autres.

L'humilité est le premier facteur de notre réconciliation avec la nature. Reconnaissons qu'au-delà de ce que nous percevons par nos sens et notre raison, il existe une réalité qui nous dépasse et que nous ne maîtrisons pas, que chaque humain, chaque animal, chaque plante, chaque pierre a sa place, son importance, sa vérité et que tous, nous sommes des poussières d'un grand Esprit qui nous contient. La conscience de l'unicité de la vie et du monde, de la parenté, de l'interdépendance, de la fraternité entre tous les êtres

L'humilité est le premier facteur de notre réconciliation avec la nature.

nous inspire le respect, la solidarité et la compassion. Remplaçons la compétition par la coopération, la précipitation par le temps, le bruit par l'écoute, la cupidité par le partage, l'avidité par la retenue, l'arrogance par l'attention, la négligence par le respect, le conflit par la complémentarité, la domination par l'harmonie, l'égoïsme par la générosité, l'inquiétude par la joie, la mesquinerie par la vérité, le gaspillage par la frugalité, la croissance par l'équilibre, l'agressivité par la paix, la peur par la confiance, l'indifférence et la haine par l'amour!

L'indépendance que nous avons gagnée vis-à-vis des dogmes, des idéologies, des Églises permet à chacune et à chacun d'entre nous de prendre le chemin spirituel qui lui convient. La diversité est l'un des mécanismes fondamentaux de la nature. L'adoption de valeurs communes, universelles n'impose pas une manière unique de les vivre.

Le progrès des connaissances scientifiques ne doit pas nous priver de spiritualité, mais au contraire renforcer le sentiment de nos limites, renforcer notre émerveillement devant la nature, ses lois, sa beauté, sa diversité, sa force. Utilisons nos découvertes scientifiques et les techniques pour alléger notre pression sur la nature et réhabilitons le sacré qui a été évincé par les philosophies mécanistes et positivistes. Un arbre, un lieu, une pierre, une vie sont sacrés parce qu'ils appartiennent à Dieu, comme nous-mêmes.

Notes

Chapitre 1

1. Philippe Roch et Franz Xaver Perrez, « International Environmental Governance », *Colorado Journal of Internat. Env. Law and Policy*, 16, 1, 2005, p. 6.
2. Voir à ce sujet : Louise Lassonde, *Les défis de la démographie*, La Découverte, 1996, p. 43 et Jacques Neirynck, *La grande illusion de la technique*, Jouvence, 2006, pp. 309-322.
3. www.manicore.com/documentation/esclaves.html.
4. Agence internationale de l'énergie, Key World Energy Statistics, 2008.
5. WWF International, *Rapport planète vivante 2008*, Gland, 2008.
6. http://www.millenniumassessment.org/en/index.aspx.
7. United Nations, World Summit on Sustainable Development, Plan of implementation, 2002, § 42.

Chapitre 2

1. Jean Clottes et David Lewis-Williams, *Les chamanes de la préhistoire, transe et magie dans les grottes ornées*, Le Seuil, 1996.
2. Knud Rasmussen, *Iglulik and Caribou Texts*, New York, AMS Press, 1930, pp. 42-45.
3. Luther Standing Bear, chef Lakota (Sioux), XIXe siècle.
4. Chef Seattle, discours de 1854.
5. Hérodote, *L'Enquête*, II, 123.

6. Akhénaton (1353-1335 av. J.-C.), *Hymne à Aton*, traduction-adaptation pour l'exposition « Akhénaton et Nefertiti » du musée d'Art et d'Histoire de Genève (2008-2009).
7. Jeanne Hersch, *L'étonnement philosophique*, Gallimard, 1981, p. 61.
8. Marc Aurèle, *Pensées*, IV-40, *in Les stoïciens*, La Pléiade, 1962, p. 1166.
9. Cicéron, *De la nature des Dieux*, XXXIX, *ibid.*, p. 445.
10. Lucrèce, *De la nature*, Garnier-Flammarion, 1964, p. 53 et 57.
11. *Ibid.*, livre V, pp. 157-194.
12. Kristofer Schipper, « Daoist Ecology : The Inner Transformation. A Study of the Precepts of the Early Daoist Ecclesia », in *Daoism and Ecology*, Harvard Divinity School, 2001, pp. 80-86.
13. Mary Evelyn Tucker, John Berthrong, *Confusianism and Ecology*, Harvard University, 1998.
14. Sa Sainteté le Dalaï-Lama, préface du livre *Un monde de différences*, Ed. Georg, 1990.
15. Lao Tseu, *Tao te King, Le livre de tao et de sa vertu*, VIe siècle av. J.-C, trad. M. Haven et D. Nazir, Paris, Dervy, 1986, p. 50.
16. Valmiki, *Ramayana, Aranyakanda 10:2-4*, cité par David Lee, *The Natural History of the Ramayana, Hinduism and Ecology*, Harvard University, 2000, p. 253. Traduction de l'auteur.
17. Valmiki, *Ramayana, Balakanda 23: 11-14*, cité par David Lee, *ibid.*, p. 253. Traduction de l'auteur.
18. Stephen A. Geller, *Nature's answer: The meaning of the Book of Job in its intellectual context, in Judaïsm and Ecology*, Harvard University Press, 2002, pp. 109-132.
19. Job, 12 : 7-10.
20. Ps 103, 1-35.

21. Col, 1 : 15-20.
22. Luc, 12 : 24-28.
23. Augustin, *Confessions*, I:3, Gallimard, 1993, p. 28.
24. *Ibid.* X:6, p. 341.
25. Jacques Bonvin et Paul Trilloux, *Église romane, lieu d'énergie*, Dervy, 1998, pp. 186-187.
26. Henri Vincenot, *Les étoiles de Compostelle*, Denoël, 1982, p. 176.
27. Corinne Hoex, *Enquête sur le culte et l'iconographie de sainte Brigide d'Irlande en Wallonie*, Institut de sociologie de l'Université libre de Bruxelles, document de travail n° 12, 1973.
28. Jean-Marie Closset, photographies et communications personnelles.
29. Liliane Crété, *Historia*, n° 632, août 1999.
30. Hildegarde de Bingen, *Scivias*, Cerf, 2004.
31. *Bhagavad-Gitâ*, 7, 8-9.
32. Thomas d'Aquin, *Somme théologique*, tome 1, Q. 47, art. 1, Cerf, 1999, p. 490.
33. Jean Calvin, *L'institution de la religion chrétienne*, livre I, chapitre V, § 2.
34. Lynn Townsend White Jr, « The Historical Roots of Our Ecologic Crisis », *Science*, vol. 155 (n° 3767), March 10, 1967, pp. 1203-1207.
35. Document « Réconciliation avec la Création », Oeku, Berne, 2004.
36. Musnäd, II ; Ibn Majä, "Tahära," 48, n° 425 ; I, 147, cité par Ibrahim Özdemir, *in Islam and Ecology*, Harvard University Press, 2003, p. 14.
37. Par exemple Elizabeth Johnson, « Loosing and finding creation », *in Christianity and Ecology*, Harvard University Press, 2000, p. 10.
38. Montagu Basil, *The Works of Francis Bacon*, vol. 15, London William Pickering, 1834, *Aphorisms*, p. 35.

39. Francis Bacon, *La sagesse des Anciens*, J. Vrin, p. 115.
40. René Descartes, *Discours de la méthode*, 10/18, 1962, pp. 54-57.
41. Benoît Spinoza, *Court traité de Dieu*, Gallimard, La Pléiade, 1954, p. 20.
42. Benoît Spinoza, *L'éthique*, Gallimard, La Pléiade, 1954, p. 494.
43. Emmanuel Kant, *Réponse à la question : qu'est-ce que les Lumières ?*, *Œuvres philosophiques*, Gallimard, La Pléiade, II, p. 209.
44. Adam Smith, *Enquête sur la nature et les causes de la richesse des nations* (1776), trad. Germain Garnier, éd. Otto Zeller, 1966, t. 1, p. 19.
45. Amartya Sen, « La prudence chez Adam Smith », traduction Jacques Hoarau, Revue *Mouvements*, n° 23, septembre-octobre 2002, pp. 110-117.
46. Adam Smith, *Théorie des sentiments moraux*, PUF, 1999, p. 265.
47. *Ibid.*, p. 227.
48. John Stuart Mill, *Les principes d'économie politique*, chapitre « De l'état stationnaire », publié par le journal *L'Écologiste*, n° 26, Paris, été 2008, p. 52.
49. Jacques Monod, *Le hasard et la nécessité*, Le Seuil, 1970, pp. 194-195.
50. Ariane Willemsen, *La dignité de la créature dans le règne végétal*, Commission fédérale d'éthique pour la biotechnologie dans le domaine non humain (CENH), Berne, 2008.
51. Jean-Jacques Rousseau, *Profession de foi du vicaire savoyard*, Garnier-Flammarion, 1996, p. 70.
52. Novalis, *Œuvres complètes*, Paris, Gallimard, 1975, vol. 2, p. 66.
53. Ralph Waldo Emerson, *La Nature*, Allia, Paris, 2004, p. 14.

54. Henry Drummond, *Les lois de la nature dans le monde spirituel*, Librairie Fischbacher, Paris, 1900.
55. Henry David Thoreau, *Journal 1837-1861*, Denoël, 2001, pp. 38-39.
56. Robert Hainard, *Et la nature?*, Éditions Hesse, 2006, p. 43.
57. *Ibid.*, p. 43.
58. *Ibid.*, p. 104.
59. Robert Hainard, *Le monde plein*, Éditions Melchior, 1991, p. 31.
60. Robert Hainard, *Et la nature?*, Éditions Hesse, 2006, p. 101.
61. *Ibid.*, p. 115.
62. *Ibid.*, p. 70.
63. Pierre Teilhard de Chardin, *Œuvres, tome XIII, Le cœur de la matière*, Le Seuil, 1976, p. 89-91.
64. Emmanuel Kant, *Critique de la raison pure*, La Pléiade, 1980, p. 757.
65. Henry Drummond, *Les lois de la nature dans le monde spirituel*, trad. française, Paris, 1900, p. 75.
66. Robert Hainard, *Et la nature?*, Éditions Hesse, 2006, p. 86.
67. James Lovelock, *La Terre est un être vivant*, Éditions du Rocher, 1986.
68. Robert Hainard, *Expansion et nature*, Le Courrier du Livre, 1972, p. 18.
69. Robert Hainard, *Une morale à la mesure de notre puissance*, Mouvement Homme et Nature, 1970, p. 80.

Chapitre 3

1. Robert Hainard, journal *La Suisse* du 7 janvier 1970, p. 5.
2. Jean-Jacques Rousseau, *Émile* 1-IV, *Profession de foi du vicaire savoyard*, Gallimard, 1969, p. 460.
3. *Ibid.*, p. 437.
4. Bernard de Clairvaux, *Épître CVI.*
5. Timothy Radcliffe, Général des Dominicains, *in Je vous appelle amis,* Éditions Cerf/La Croix.
6. Jean Bastaire, Jean-Paul II, *Les gémissements de la création*, Parole et Silence, 2006, pp. 106 et 115.
7. Murata, *The Tao of Islam*, p. 24, cité par Ibrahim Özdemir, *in Islam and Ecology*, The Harvard University Press, 2003, p. 22.
8. Bediüzzaman Said Nursi, *The Supreme Sign*, Istambul, Sözler, 1985, p. 78.
9. Coran, 41:53.
10. Coran, 51:20-21.
11. Voir par exemple : *Théologie naturelle, ou preuves de l'existence ou des attributs de la Divinité, tirées des apparences de la nature*, par William Paley, traduction de Charles Pictet, Genève, 1818 ou encore l'ouvrage déjà cité : Henry Drummond, *Les lois de la nature dans le monde spirituel*, Librairie Fischbacher, Paris, 1900.
12. Blaise Pascal, *Pensées*, Garnier, Paris, 1964, p. 91.
13. Fritjof Capra, « Le tao de la physique », *in Science et conscience*, Stock, 1980, p. 50.
14. Vladimir Ivanovich Vernadsky, *La Biosphère*, 2e édition revue et augmentée, Paris, Librairie Félix Alcan, 1929.
15. James Lovelock, Lynn Margulis, *Atmospheric homeostasis by and for the biosphere : the Gaia hypothesis*, Tellus, 1974.
16. *L'Écologiste*, n° 26, Paris, été 2008, pp. 51-52.

17. Jared Diamond, *Effondrement*, trad. française, Gallimard, 2006.
18. Epictète, *Entretiens IV, in Les stoïciens*, La Pléiade, 1962, p. 1052.
19. Jean-Paul II, *Message pour la journée de la Paix*, 1er janvier 1990, § 15.
20. André Comte-Sponville, « La vie a-t-elle un sens ? », *L'information immobilière*, n° 98, Genève, 2009.
21. Robert Hainard, *Le monde plein*, Melchior, 1991, p. 74.
22. Pierre Teilhard de Chardin, *Lettre à Édouard Le Roy*, du 8 septembre 1926, Tientsin.
23. Sœur Emmanuelle, *Le Temps*, 10 septembre 2007.

Chapitre 4

1. Allusion au *« Deus sive natura »* de Spinoza, que je fais mien.
2. Jean-Jacques Rousseau, *Rousseau juge de Jean-Jacques, Troisième dialogue*, Œuvres de Jean-Jacques Rousseau, citoyen de Genève, Deterville, Paris, 1817, XV p. 620.
3. Jean-Jacques Rousseau, *Les rêveries du promeneur solitaire*, 5e promenade, Garnier-Flammarion, 1997, p. 116.
4. Jean-Jacques Rousseau, *Troisième lettre à Monsieur de Malesherbes*, Œuvres complètes, P. Dupont, Paris, 1824, XVI p. 248.

Chapitre 5

1. Robert Hainard, *Expansion et nature*, Le Courrier du Livre, 1972, p. 23.

© Photo Michel Terrasse

Robert Hainard, jumelles et carnet de croquis en main.
C'est ainsi qu'il parvenait à capter sur le vif le mouvement des animaux sauvages.

Remerciements

L'auteur et l'éditeur remercient chaleureusement Marie et Pierre, les enfants de Robert et Germaine Hainard, de leur avoir permis de choisir, parmi les 30 000 croquis de chasse au crayon, 2 000 aquarelles et plus de 900 gravures, quelques œuvres pour illustrer le propos de ce livre. Nous avons privilégié les croquis dont les traits simples et bruts témoignent de la première impression de l'artiste vécue sur le terrain en présence des animaux sauvages.

Grandement influencés par la pensée, l'œuvre et la personnalité de Robert Hainard, l'auteur et l'éditeur souhaitent ainsi rendre un hommage sincère et ému à ce père de l'écologie.

Pour en savoir plus : Fondation Hainard
et Atelier Robert Hainard (www.hainard.ch)

Robert Hainard, Loup, *croquis (© Fondation Hainard).*

L'auteur

© Photo Yoshiko Kusano

Militant pour la nature et l'environnement dès son plus jeune âge, **Philippe Roch** (né en 1949) a obtenu un doctorat en biochimie de l'Université de Genève en 1973. Engagé politiquement sur le plan communal, cantonal et national, il a dirigé le WWF Suisse avant de devenir en 1992 Secrétaire d'État et directeur de l'Office fédéral de l'environnement, des forêts et du paysage. Pendant treize ans, il a développé la législation suisse sur la nature et l'environnement et assumé d'importantes responsabilités au plan international, comme membre du Conseil d'administration de l'UNITAR, président des conférences des parties à la Convention de Bâle sur les déchets et à la Convention de Rotterdam sur les produits chimiques, membre du Conseil et plusieurs fois président du Fonds pour l'environnement mondial (GEF), négociateur clé dans les conventions sur la diversité biologique et le climat, ainsi que dans les travaux du Programme des Nations Unies pour l'environnement (PNUE) sur la gouvernance environnementale internationale. En 2005, il a décidé de quitter ses fonctions officielles pour se consacrer aux questions philosophiques et spirituelles liées à la nature et à l'environnement. Il vit à Russin, dans le canton de Genève, au milieu de ses moutons, en bordure du site protégé du vallon de l'Allondon. Il a reçu en 2008 un doctorat en géosciences et environnement honoris causa de l'Université de Lausanne « pour son apport à la prise de conscience environnementale et au développement des connaissances en ce domaine en Suisse et à l'étranger, pour son humanité et son non-conformisme éclairé ».

Également aux Éditions Jouvence

Le besoin de nature sauvage

Roland de Miller

La nature est un facteur d'équilibre important redécouvert au moment même où les conditions stressantes de la vie urbaine et industrielle nous en éloignent. Nous constatons alors avoir trop souvent dénié les richesses et vertus d'une nature authentique, libre et sauvage. Saurons-nous revenir vers elle ?

160 pages
Prix : 8,90 euros / 16 CHF

Le scénario Titanic

Et autres métaphores écologiques…

Hugues Gosset-Roux
Préface de Pierre Rabhi

Comprendre le changement climatique, l'épuisement des ressources naturelles, la suite prévisible (mais pas inévitable) de l'aventure humaine, tel est le défi de ce livre. Plus jamais vous ne prendrez l'avion ou une douche… sans penser au défi qui nous attend. Mais les défis ne demandent qu'à être relevés, n'est-ce pas ?

160 pages
Prix : 8,90 euros / 17 CHF

Réconcilier sagesse et société

Charte de l'Europe des consciences

Alain Chevillat

Refusant le monde moderne tel qu'il est, l'auteur, porte-parole de tout un mouvement, propose quelques principes d'une société en harmonie et des repères d'ordre universel et éternel qui nous aideraient à passer d'une Europe des marchés à une Europe des Consciences.

128 pages

Prix : 6,90 euros / 12 CHF

L'Homme entre Terre et Ciel

Nature, écologie et spiritualité

Jean-Marie Pelt, Pierre Rabhi, Nicolas Hulot, Edward Goldsmith, Roland de Miller, Aigle Bleu, Yvan Amar

La crise écologique est là : l'Homme s'autodétruit et détruit la planète qu'il habite. Ce recueil de textes des plus grands humanistes et écologistes de notre temps nous indique l'action juste permettant de trouver l'harmonie… car il est urgent de réagir !?

160 pages

Prix : 9,90 euros / 18 CHF

Achevé d'imprimer sur rotative par l'Imprimerie Darantiere à Dijon-Quetigny
en septembre 2009 - Dépôt légal : septembre 2009 - N° d'impression : 29-1209

Imprimé en France

IMPRIM'VERT
Votre imprimeur agit pour l'environnement

Dans le cadre de sa politique de développement durable, l'imprimerie Darantiere a été référencée IMPRIM'VERT® par son organisme consulaire de tutelle. Cette marque garantit que l'imprimeur respecte un cycle complet de récupération et de traçabilité de l'ensemble de ses déchets.